Einfache Sprache mit KI-Tools

Christiane Maaß ·
Ekaterina Lapshinova-Koltunski ·
Julian Hörner
(Hrsg.)

Einfache Sprache mit KI-Tools

Ein Leitfaden für die redaktionelle Praxis

Springer VS

Hrsg.
Christiane Maaß
Institut für Übersetzungswissenschaft und Fachkommunikation, Stiftung Universität Hildesheim
Hildesheim, Deutschland

Ekaterina Lapshinova-Koltunski
Institut für Übersetzungswissenschaft und Fachkommunikation, Stiftung Universität Hildesheim
Hildesheim, Deutschland

Julian Hörner
Wort & Bild Verlag
Baierbrunn, Deutschland

ISBN 978-3-658-47866-7 ISBN 978-3-658-47867-4 (eBook)
https://doi.org/10.1007/978-3-658-47867-4

Die Deutsche Nationalbibliothek verzeichnet diese Publikation in der Deutschen Nationalbibliografie; detaillierte bibliografische Daten sind im Internet über https://portal.dnb.de abrufbar.

Planung/Lektorat: Barbara Emig-Roller
Springer VS ist ein Imprint der eingetragenen Gesellschaft Springer Fachmedien Wiesbaden GmbH und ist ein Teil von Springer Nature.
Die Anschrift der Gesellschaft ist: Abraham-Lincoln-Str. 46, 65189 Wiesbaden, Germany

Inhaltsverzeichnis

Abbildungsverzeichnis

Auf einen Blick: So setzen Sie KI in Ihrem Redaktionsprozess ein

Einfache Sprache: Einfach, leicht, verständlich?

Content: Was ist Gesundheitsjournalismus?

Künstliche Intelligenz: Wie funktioniert KI für Einfache Sprache?

Bewertung: Was kann KI für Einfache Sprache leisten und worauf müssen Sie achten?

Tabellenverzeichnis

Einfache Sprache: Einfach, leicht, verständlich?

Content: Was ist Gesundheitsjournalismus?

Redaktionsprozesse: Wie beeinflusst KI die Arbeitsweise?

Beispieltexte

Einleitung

Christiane Maaß, Ekaterina Lapshinova-Koltunski
und Julian Hörner

Zusammenfassung

Mit dem Barrierefreiheitsstärkungsgesetz müssen nun auch private Dienstleistungsanbieter ihre Produkte und Dokumentationen barrierefrei machen. Verständlichkeit ist dabei eines der zentralen Kriterien. Einfache Sprache ist hierfür das Mittel der Wahl. Seit wenigen Jahren stehen KI-Tools zur Verfügung, um Texte verständlicher zu machen. Aber Obacht: Es gibt zwar ein massives Einsparungspotenzial durch den Einsatz von KI-Tools. Doch es geht nicht – oder zumindest nicht gut – auf Knopfdruck. Damit Sie Ihren Prozess „Verständlichkeit mit KI-Tools herstellen“ gut aufsetzen können, haben wir Ihnen die folgenden Kapitel zusammengestellt.

C. Maaß (✉) · E. Lapshinova-Koltunski
Universität Hildesheim, Hildesheim, Deutschland
E-Mail: maassc@uni-hildesheim.de

E. Lapshinova-Koltunski
E-Mail: lapshinovakoltun@uni-hildesheim.de

J. Hörner
Wort & Bild Verlag Konradshöhe GmbH und Co. KG, Baierbrunn, Deutschland
E-Mail: j.hoerner@wubv.de

C. Maaß et al. (Hrsg.), *Einfache Sprache mit KI-Tools*,
https://doi.org/10.1007/978-3-658-47867-4_1

Liebe Leserin, lieber Leser,

wir haben versucht uns auszumalen, für wen wir dieses Buch schreiben, damit es möglichst nützlich für Sie ist. Wir könnten uns vorstellen, dass Sie möglicherweise aus einem dieser Gründe hier sind:

- Ihre Firma muss ab Juni 2025 das Barrierefreiheitsstärkungsgesetz (BFSG) umsetzen und Sie oder Ihr Team sollen das übernehmen.
- Sie sind selbständig im Bereich Barrierefreie Kommunikation unterwegs und möchten in das Feld „Einfache Sprache und KI-Tools" einsteigen.
- Ihre Redaktion setzt schon Einfache Sprache um, möchte aber nun KI-Tools in das laufende Geschäft einbinden oder umgekehrt.
- Sie lehren an einer Universität und möchten die neuen Tools in Ihre Lehre einbinden, um Ihre Studierenden gut auf die berufliche Praxis vorzubereiten.
- Sie studieren Übersetzen oder technische Redaktion an einer Universität und möchten sich informieren, wie sich die Praxis gerade entwickelt.

Wenn Sie das Buch aus einem dieser Gründe in den Händen oder auf dem Bildschirm haben, dann sind Sie hier genau richtig. Und vielleicht haben wir an Ihr konkretes Profil nicht gedacht und Sie möchten aus anderen Gründen Einfache Sprache mit KI-Tools umsetzen. Lassen Sie sich also kurz sagen, was Sie hier zu erwarten haben:

Mit dem Barrierefreiheitsstärkungsgesetz müssen nun auch private Dienstleistungsanbieter ihre Produkte und Dokumentationen barrierefrei machen. Verständlichkeit ist dabei eines der zentralen Kriterien. Einfache Sprache ist hierfür das Mittel der Wahl. Seit wenigen Jahren stehen KI-Tools zur Verfügung, um Texte verständlicher zu machen. Aber Obacht: Es gibt zwar ein massives Einsparungspotenzial durch den Einsatz von KI-Tools. Aber es geht nicht – oder zumindest nicht gut – auf Knopfdruck.

Damit Sie Ihren Prozess „Verständlichkeit mit KI-Tools herstellen" gut aufsetzen können, haben wir Ihnen die folgenden Kapitel zusammengestellt:

Auf einen Blick: Das Buch startet mit einem Überblick: So setzen Sie KI-Tools in Ihrem Redaktionsprozess ein, wenn Sie Angebote in Einfacher Sprache machen wollen.

Dann gehen wir ins Detail:

Einfache Sprache: Was ist eigentlich Einfache Sprache? Und da gab es doch auch noch die Leichte Sprache? Wie unterscheiden sie sich? Für wen sind sie? Wie sieht Einfache Sprache aus? Und warum ist sie so verständlich?

Content: Was sind redaktionelle Inhalte? Welchen Content können Sie mit KI-Tools in Einfacher Sprache aufbereiten?

In den folgenden zwei Kapiteln wird es technisch!

Künstliche Intelligenz: Wir erklären, wie die KI beim Übersetzen oder Erstellen von Inhalten in Einfache/r Sprache funktioniert. Was sind Large Language Models? Welche Arten von Tools gibt es und wie ist die Qualität des jeweiligen Outputs? Wie können die Tools bearbeitet werden? Welche Schwachstellen haben sie im Moment noch und was können oder sollten Sie tun?

Bewertung: In diesem Kapitel gehen wir auf die verschiedenen Tätigkeiten ein, die Sie mit den KI-Tools für die Textvereinfachung durchführen können: Sie können maschinell übersetzen, Sie können korrigieren und Sie können Texte analysieren. So können Sie zum Beispiel herausfinden, wie Sie einen bestehenden Text verbessern können. Wir gehen darauf ein, was die Tools von sich aus leisten und wie Sie verbessernd eingreifen müssen.

Redaktionsprozesse: Im nächsten Schritt geht es um die konkreten Redaktionsprozesse: Wie können Sie KI hier einsetzen? Wir berichten, wie wir es gemacht haben und wir andere am Markt ihre Prozesse eingerichtet haben. Redaktionen sind heute arbeitsteilig unterwegs und manche Teilschritte werden auch außer Haus gegeben: Vielleicht lassen Sie layouten? Vielleicht lassen Sie texten? Wir spielen die verschiedenen Optionen mit Ihnen durch, wie Ihr Redaktionsprozess mit Einfacher Sprache und KI-Tool aussehen kann.

Damit ist das meiste schon gesagt. Aber ein paar Zusatzinformationen geben wir Ihnen noch in den folgenden Kapiteln:

Recht und Gesellschaft: Wir werfen einen Blick auf die aktuelle Rechtslage und aktuelle Diskurse. Was gibt es zu beachten beim Thema Verständlichkeit, Datenschutz und Kennzeichnung von KI-Inhalten?

Beispieltexte: Wir geben Ihnen Beispiele aus „echten" Projekten und erläutern Ihnen, was Sie da sehen. So können Sie nachvollziehen, was KI in Einfacher Sprache im Moment schon kann und worin der „menschliche Faktor" besteht.

Und noch ein Wort zu uns: Wer sind wir und wie kommen die Hinweise in diesem Buch zustande?

Wir: das ist die Forschungsstelle Leichte Sprache der Universität Hildesheim und der Wort & Bild Verlag. Wir sind in Forschung und Anwendung aktiv und kooperieren schon seit Jahren: Seit 2019 erstellen wir zusammen ein redaktionelles Angebot in Einfacher Sprache für die Apotheken Umschau. Für uns in der Forschung ist es interessant, wie Leichte und Einfache Sprache für Gesundheitstexte funktionieren können; wir in der Apotheken Umschau möchten unsere Leserschaft mit guten und verständlichen Informationen versorgen. Und dann kam 2023 die KI dazu. Wir in der Forschung haben dann direkt Studien dazu durchgeführt, wie verschiedene KI-Tools für Leichte und Einfache Sprache in unterschiedlichen Themenbereichen eingesetzt werden können. Zusammen haben Forschungsstelle und Wort & Bild Verlag mit weiteren Partnern ein Projekt durchgeführt und untersucht, wie man bestehende KI-Tools verbessern kann. Auch diese Ergebnisse finden Sie in diesem Buch. Unsere Expertise möchten wir gerne weitergeben. Das Feld ist im Moment enorm dynamisch; das heißt: wir geben Ihnen hier den aktuellen Stand, mit dem Sie sofort losarbeiten können. Wir geben Ihnen darüber hinaus auch einige Ausblicke, sodass Sie sehen können, in welche Richtung es aktuell geht und was in naher Zukunft zu erwarten ist.

Unser besonderer Dank gilt Lukas Walbaum, der alle Grafiken dieses Bandes gestaltet hat. Mit seinen kreativen und präzisen Illustrationen macht er die teils komplizierten Inhalte anschaulich und zugänglich. So trägt er entscheidend zur Verständlichkeit und zur Attraktivität des Buches bei.

Darüber hinaus möchten wir transparent machen, dass bei der Entstehung dieses Buches Künstliche Intelligenz unterstützend zum Einsatz kam – jedoch nur bei Rechtschreib- und Stilprüfungen, Recherchen und Formulierungsvorschlägen. Alle durch KI generierten Inhalte wurden stets kritisch hinterfragt, inhaltlich überprüft und durch die Autorinnen und Autoren umfassend überarbeitet. Die endgültige Fassung jedes Kapitels verantworten allein die Menschen hinter diesem Werk.

Christiane Maaß ist seit 2011 Professorin für Medienlinguistik an der Universität Hildesheim. Dort ist sie seit 2014 Direktorin der von ihr gegründeten Forschungsstelle Leichte Sprache und hat mit dieser Forschungseinrichtung zahlreiche Forschungs- und Transferprojekte mit öffentlichen Stellen und privaten Organisationen durchgeführt. Seit 2018 ist sie Leiterin des Masterstudiengangs Barrierefreie Kommunikation an der Universität Hildesheim. Sie ist Leiterin des Fachbereichs Barrierefreie Gesundheitskommunikation des Deutschen Netzwerks Gesundheitskommunikation und Sachverständige für die Bundesinitiative Barrierefreiheit der Bundesregierung für „Digitales/Leichte Sprache". Sie ist Ko-Autorin des Duden Leichte Sprache und Mitherausgeberin des Handbuchs Barrierefreie Kommunikation.

Ekaterina Lapshinova-Koltunski ist seit 2022 Professorin für mehrsprachige technische Fachkommunikation an der Stiftung Universität Hildesheim. Dort lehrt sie im Bereich der Übersetzungswissenschaft und Fachkommunikation und leitet den Studiengang ‚Internationale Fachkommunikation'. Zu ihren Forschungsschwerpunkten gehört unter anderem Evaluierung maschineller Übersetzung.

Julian Hörner ist Projektmanager im Project Management Office beim Wort & Bild Verlag. In dieser Rolle verantwortet er die Umsetzung komplexer Projekte im Gesundheitsjournalismus. Sein Spezialgebiet ist die Erstellung und Aufbereitung von Gesundheitsinformationen in Einfacher Sprache, um so die Gesundheitskompetenz in der Bevölkerung zu fördern. Als wissenschaftlicher Autor schreibt der promovierte Kulturwissenschaftler Beiträge zu den Themen Gesundheitskommunikation, kulturelle Transformationsprozesse und Gesundheitskultur.

Auf einen Blick: So setzen Sie KI in Ihrem Redaktionsprozess ein

Christiane Maaß, Ekaterina Lapshinova-Koltunski und Julian Hörner

Zusammenfassung

Dies ist das Überblickskapitel zum Buch! Wir haben hier die wichtigsten Dinge für Sie einmal ganz kurz und knackig zusammengetragen. In den weiteren Kapiteln gehen wir dann ins Detail. Das kann dazu führen, dass hier noch Fragen offenbleiben. Wir verweisen dann jeweils auf das Kapitel im Buch, in dem Sie dazu mehr erfahren. Dieses Kapitel ist dann besonders nützlich für Sie: (1) Wenn Sie sich einen ersten Überblick über das Thema verschaffen wollen. (2) Wenn Sie schon viel über das Thema wissen und sich von hier aus im Buch orientieren wollen. (3) Wenn Sie das Buch schon durchgearbeitet haben und Ihre Erinnerung später noch einmal auffrischen wollen. Worauf gehen wir hier ein? Abschn. 1 hilft Ihnen bei der Entscheidung, welche

C. Maaß · E. Lapshinova-Koltunski (✉)
Universität Hildesheim, Hildesheim, Deutschland
E-Mail: lapshinovakoltun@uni-hildesheim.de

C. Maaß
E-Mail: maassc@uni-hildesheim.de

J. Hörner
Wort & Bild Verlag Konradshöhe GmbH und Co. KG, Baierbrunn, Deutschland
E-Mail: j.hoerner@wubv.de

C. Maaß et al. (Hrsg.), *Einfache Sprache mit KI-Tools*,
https://doi.org/10.1007/978-3-658-47867-4_2

Variante von verständlichem Deutsch Sie für Ihr Angebot wählen sollten und welche Fragen Sie sich dafür vorlegen sollten. In Abschn. 2 geht es um die Einrichtung des Übersetzungsprozesses: wollen Sie In-House Expertise aufbauen oder beauftragen Sie extern und was ist hier zu beachten? In Abschn. 3 wird es technisch: Wir geben Ihnen eine Entscheidungshilfe an die Hand, mit der Sie die KI-Tools auswählen können, die für Ihr Vorhaben passen. Und in Abschn. 4 schauen wir schließlich auf den gesamten Workflow in Ihrer Redaktion – und zwar je nachdem, ob Sie alles In-House abwickeln oder Teile Ihres Übersetzungsprozesses nach außen verlagern. Dabei gehen wir auch auf die Qualitätssicherung ein – schließlich soll das Ergebnis gut und sicher sein.

1 Wie einfach oder leicht wird Ihr Angebot?

Auf die Abb. 1 gehen wir im Kap. Einfache Sprache noch einmal ein:

Zunächst stellt sich die Frage danach, wie leicht oder einfach Ihr Textangebot werden soll. Dafür stehen Varianten mit einem sehr unterschiedlich ausgeprägten Maß an Verständlichkeit zur Verfügung: Am leichtesten ist die Leichte Sprache. Sie richtet sich vor allem an Personen mit behinderungsbedingter Einschränkung

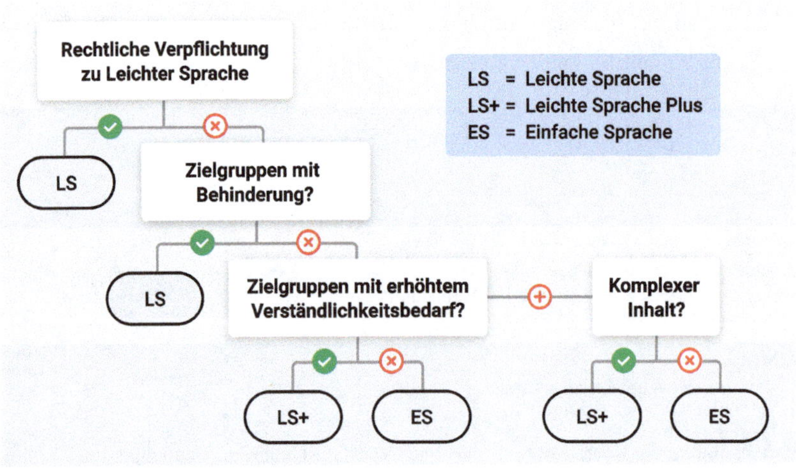

Abb. 1 Entscheidungsbaum Einfache Sprache, Leichte Sprache Plus oder Leichte Sprache? (Eigene Darstellung)

der Verständlichkeit (z. B. wegen einer intellektuellen Beeinträchtigung). Die Einfache Sprache richtet sich an alle fachlichen Laien und weitere Gruppen mit moderaten Ansprüchen an die Verständlichkeit. Dazwischen steht die Leichte Sprache Plus, die deutlich verständlicher ist als durchschnittliche Einfache-Sprache-Texte, aber nicht in dem Ausmaß wie die Leichte Sprache. Mehr Informationen zu den verschiedenen Varianten erhalten Sie in Kap. Einfache Sprache. Textbeispiele finden Sie in Kap. Beispieltexte.

Die Frage, ob Sie Leichte Sprache, Einfache Sprache oder Leichte Sprache Plus wählen sollten, ist zunächst davon abhängig, welche rechtlichen Vorgaben Sie zu erfüllen haben. Als öffentliche Stelle müssen Sie zusätzlich zu ihrem Standardangebot ein Angebot in „einfacher und verständlicher Sprache" vorhalten. Falls notwendig und von der Zielgruppe gewünscht, soll Leichte Sprache verwendet werden. Informationen dazu finden Sie im Kap. Recht und Gesellschaft. Wenn Sie nicht im engeren Sinne rechtlich verpflichtet sind, Ihr Angebot in Leichter Sprache vorzuhalten, stellt sich sodann die Frage, wen Sie adressieren: Handelt es sich um Personen mit Behinderung oder sonstigen stark überdurchschnittlich ausgeprägten Anforderungen an die Verständlichkeit? Dann sollten Sie trotzdem Leichte Sprache wählen. Aber Obacht: Leichte Sprache wird von Personen, die so leichte Angebote nicht benötigen, häufig negativ aufgenommen (mehr dazu im Kap. Einfache Sprache). Zu leicht sollte Ihr Angebot also nicht sein. Entsprechend wählen Sie für alle anderen als die eben genannte Gruppe die Leichte Sprache Plus oder die Einfache Sprache.

Adressieren Sie Zielgruppen mit erhöhtem Verständlichkeitsbedarf? Zum Beispiel Personen mit geringen Deutschkenntnissen oder sehr wenig Vorkenntnissen zum Gegenstand? Oder ist Ihr Gegenstand sehr fachlich und komplex? Dann sollten Sie sich für Leichte Sprache Plus entscheiden. Andernfalls genügt Einfache Sprache. Mehr zu den Eigenschaften der verschiedenen Varianten und den Regeln für die Erstellung der Texte finden Sie in Kap. Einfache Sprache.

2 Wie organisieren Sie den Übersetzungsprozess?

Auf diese Abb. 2 gehen wir im Kap. Redaktionsprozesse noch einmal ein:

Zu Beginn müssen Sie entscheiden: Übersetzen wir selbst oder beauftragen wir einen externen Dienstleister? Diese strategische Wahl hat Vor- und Nachteile, die im Kap. Redaktionsprozesse näher erläutert werden.

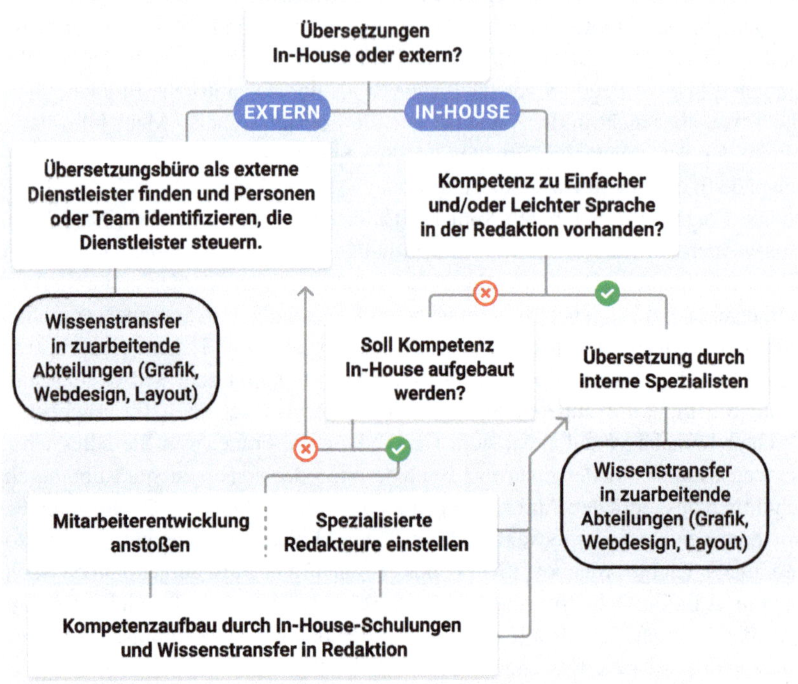

Abb. 2 Entscheidungsbaum: interner oder externer Prozess. (Eigene Darstellung)

Wählen Sie einen externen Dienstleister. Suchen Sie ein Übersetzungsbüro, das Ihren Anforderungen entspricht. Klären Sie folgende Fragen:

- Was kostet eine übersetzte Seite?
- Entspricht die Qualität Ihren sprachlichen und inhaltlichen Ansprüchen?
- Wie viele Übersetzungen liefert der Dienstleister monatlich?
- Wie schnell erfolgt die Lieferung?

Auch bei ausgelagerten Übersetzungen übernehmen interne Mitarbeiter die Kommunikation mit dem Dienstleister, erteilen Aufträge und prüfen Ergebnisse. Ihre Mitarbeiter müssen barrierefreie Texte und die Regeln der Einfachen bzw. Leichten Sprache verstehen. Nur dann können sie die Arbeitsergebnisse abnehmen und deren Qualität garantieren.

Binden Sie stets die Kollegen aus den zuarbeitenden Abteilungen ein. Nur Texte verfassen, reicht nicht. Barrierefreie Inhalte erfordern ein passendes Layout und Bebilderung. Bei Online-Inhalten denken Sie an barrierefreies Webdesign und ziehen die entsprechenden Kollegen hinzu. Dieser Schritt ist auch nötig, wenn Sie Übersetzungen intern erstellen.

Wenn Sie Ihre barrierefreien Inhalte intern (In-House) erstellen, fragen Sie sich zunächst: Haben wir in unserer Redaktion die Kompetenz, Texte in Einfacher oder Leichter Sprache zu erstellen?

Falls die Antwort „nein" lautet, überlegen Sie: Wollen wir die diese Kompetenz in der Redaktion aufbauen und die Mitarbeiter entsprechend entwickeln?

Lautet die Antwort darauf wiederum „nein" sollten Sie doch einen externen Dienstleister beauftragen. Denn ein schlecht gemachtes Angebot in Einfacher oder Leichter Sprache schadet mehr als es nutzt:

- Es schreckt Ihre allgemeine Leserschaft ab und bleibt für Ihre Zielgruppe unverständlich.
- Es wirkt wie inklusives Greenwashing.

Wollen Sie die Kompetenz für barrierefreie Inhalte in Einfacher oder Leichter Sprache in Ihrer Redaktion aufbauen, haben Sie mehrere Möglichkeiten:

- Über externe Schulungen bilden Sie Wissensträger aus, die künftig Ihre barrierefreien Inhalte erstellen.
- Zusätzlich oder stattdessen können Sie eine Person mit entsprechender Spezialisierung einstellen, die künftig Ihre barrierefreien Inhalte erstellt.

In jedem Fall sollten die geschulten oder neu eingestellten Spezialisten als Multiplikatoren agieren und den Kompetenzaufbau in der Redaktion vorantreiben. Sie geben das Know-how weiter und verteilen die Arbeit. Denken Sie auch daran, dieses Wissen zu dokumentieren. So erreichen Sie eine effiziente und nachhaltige Wissensvermittlung in Ihrer Organisation.

Ihre spezialisierten und Ihre angelernten Redakteure werden dann in der Lage sein, Ihre Inhalte in Einfacher oder Leichter Sprache auf einem hohen Qualitätsniveau zu erstellen.

Auch bei einem internen Prozess sollten Sie stets die Kollegen aus den zuarbeitenden Abteilungen einbinden. Denn wie oben beschrieben: Nur Texte verfassen, reicht nicht.

3 Welches Tool sollten Sie wählen?

Auf die Abb. 3 gehen wir im Kap. Redaktionsprozesse noch einmal ein:

Der nächste entscheidende Faktor ist die Aufgabe bzw. die Art des zu erstellenden Angebotes: Habe ich einen Ausgangstext oder muss ich Inhalte beschreiben und selbst die verständlichen Texte erstellen. Das ist entscheidend für die Art des Tools, das man nutzen kann. Wenn man keine Texte hat, die man auf Verständlichkeit optimieren muss (in Leichte oder Einfache Sprache übersetzen), dann muss man mit einem ChatBot arbeiten. Man kann die ChatBots mit verschiedenen Aufgaben prompten (mehr dazu lesen Sie im Kap. Künstliche Intelligenz). Man kann die ChatBots beauftragen, einen Text in Einfacher oder Leichter Sprache zu erstellen. Den erstellten Text sollte man im Anschluss auf Qualität überprüfen. Wie man es machen kann, erfahren Sie im Kap. Bewertung. Darüber hinaus kann man ChatBots auch für Teilaufgaben einsetzen, wie z. B. schwierige Wörter erklären, Definitionen dazu schreiben oder Texte auf ihre Komplexität überprüfen. Welche Aufgaben mit KI möglich sind, lesen Sie ebenso im Kap. Künstliche Intelligenz unten.

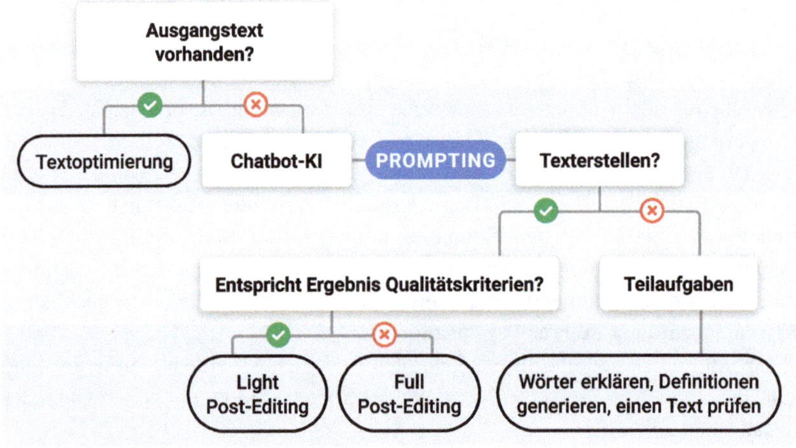

Abb. 3 Entscheidungsbaum zur Auswahl und zum Umgang mit dem KI-Tool. (Eigene Darstellung)

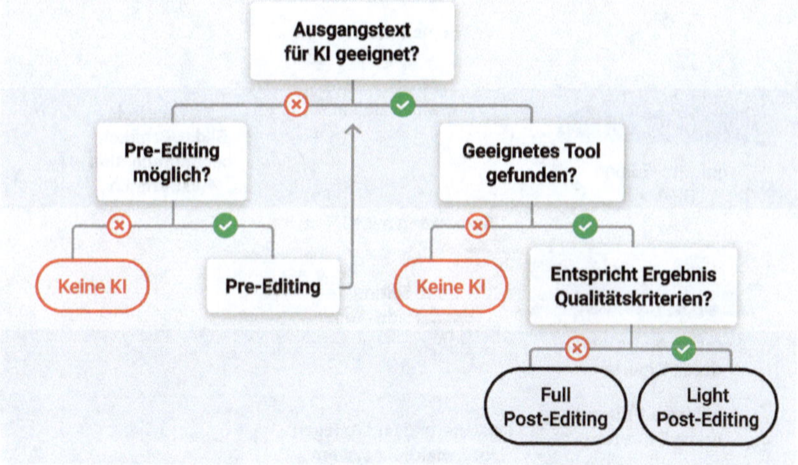

Abb. 4 Entscheidungsbaum: Kann KI zum für die Übersetzung zum Einsatz kommen? (Eigene Darstellung)

Auf die Abb. 4 gehen wir im Kap. Redaktionsprozesse noch einmal ein:

Sollten Sie einen Ausgangstext haben, den Sie auf Verständlichkeit optimieren müssen, d. h. in Einfache oder Leichte Sprache übertragen, dann sollten Sie zuerst überprüfen, ob der Text für die Übersetzung mit KI überhaupt geeignet ist. Sollte der Text nicht geeignet sein, kann man diesen immer noch pre-editieren und danach mit KI übersetzen lassen.

Wenn der Text für KI geeignet ist, sollte man sich ein geeignetes Tool aussuchen, das eigenen Kriterien entspricht: das also für die Zielgruppe (Leichte oder Einfache Sprache) und für die Textsorten passt. Den übersetzten Text sollten Sie im Anschluss auf Qualität überprüfen. Die Qualitätskriterien finden Sie im Kap. Bewertung. Wenn die Qualität des KI-Outputs ausreichend ist, wird nur ein leichtes Eingreifen seitens Redaktion benötigt (Light Post-Editing). Ist die Qualität jedoch nicht gut genug, wird eine volle Nachbearbeitung benötigt (Full Post-Editing).

4 Workflow des Redaktionsprozesses

Die Workflows veranschaulichen, wie man im redaktionellen Kontext Texte in Einfache oder Leichte Sprache übersetzt. Die Arbeitsschritte für neue Texte bleiben im Wesentlichen gleich, erfordern jedoch andere Tools.

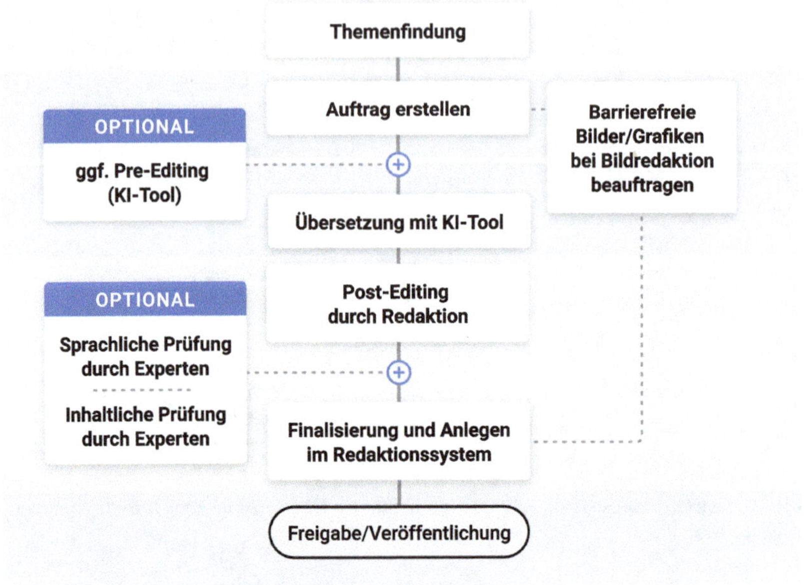

Abb. 5 Interner Workflow. (Eigene Darstellung)

Auf die Abb. 5 gehen wir im Kap. Redaktionsprozesse noch einmal ein:

- Bevor Sie mit der Übersetzung beginnen, wählen Sie das Thema und den Text aus, den Sie übersetzen möchten.
- Beauftragen Sie frühzeitig barrierefreie Grafiken und Bilder, um der Bildredaktion genügend Zeit zu geben. So vermeiden Sie Verzögerungen, wenn der Text fertig ist.
- Möglicherweise müssen Sie den Text zusammenfassen, strukturieren oder kürzen, damit er für die KI-gestützte Übersetzung geeignet ist. Dieses Pre-Editing können Sie manuell oder mit KI-Unterstützung durchführen, um Zeit zu sparen.
- Anschließend übersetzen Sie den Text mit dem gewählten KI-Tool. Wie Sie hier konkret vorgehen, hängt stark von dem jeweiligen Tool ab.
- Danach bearbeitet ein Redakteur den KI-Output (Post-Editing). Oft reicht ein leichtes Eingreifen (Light Post-Editing), um die gewünschte Qualität zu erreichen. Andernfalls ist ein intensiveres Eingreifen nötig (Full Post-Editing).

- Die sprachliche Prüfung kann Teil des Post-Editings sein oder im Vier-Augen-Prinzip mit Kollegen erfolgen. Bei Übersetzungen in Leichte Sprache ist das Feedback von Prüfgruppen aus der Zielgruppe wertvoll, um die Verständlichkeit zu gewährleisten.
- Bei komplexen Texten, etwa in Technik, Medizin oder Recht, kann eine inhaltliche Expertenprüfung erforderlich sein. Diese erfolgt durch interne oder externe Fachleute, je nach Bedarf.
- Nach der Einarbeitung aller Anmerkungen bereiten Sie den Text im Redaktionssystem für die Veröffentlichung vor. Platzieren Sie die beauftragten Bilder und fügen Sie bei Online-Veröffentlichungen Alternativtexte für sehbehinderte Menschen hinzu. Je nach Medium sind weitere Schritte nötig, wie das Layout für Print oder die Erstellung von Title Tag und Meta Description für Online-Inhalte.
- Erst wenn all diese Schritte abgeschlossen sind, ist der Artikel bereit für die Veröffentlichung und kann in Druck oder online gehen.

Der externe Workflow (siehe Abb. 6) ähnelt dem internen in vielen Schritten. Unterschiede bestehen jedoch an folgenden Punkten:

- Sobald Sie ein Thema gefunden haben, schreiben Sie Ihrem externen Dienstleister ein präzises Briefing. Je klarer Sie Ihre Wünsche zu Verständlichkeit, Leseransprache und Textlänge formulieren, desto weniger Fragen entstehen und umso zufriedener werden Sie mit dem Ergebnis sein.
- Beauftragen Sie benötigte Bilder frühzeitig, idealerweise zeitgleich mit dem Text.
- Die Übersetzungsarbeit entfällt für Sie, da Sie den Dienstleister dafür bezahlen.
- Wie bei der internen Übersetzung kann eine sprachliche Zielgruppenprüfung durch eine Prüfgruppe sinnvoll sein. Eine inhaltliche Expertenprüfung könnte ebenfalls notwendig sein, um die nächsten Schritte zu ermöglichen.
- Das Überprüfen und Abnehmen der Arbeitsergebnisse ist der aufwendigste Schritt neben dem Schreiben des Briefings und der Kommunikation mit dem Dienstleister. Es zahlt sich aus, wenn die Redakteure neben fachlicher Kompetenz auch ein Grundverständnis für barrierefreie Texte und die Regeln der Einfachen bzw. Leichten Sprache haben.
- Nach der Abnahme des übersetzten Textes folgen dieselben Veröffentlichungsschritte wie beim internen Workflow.

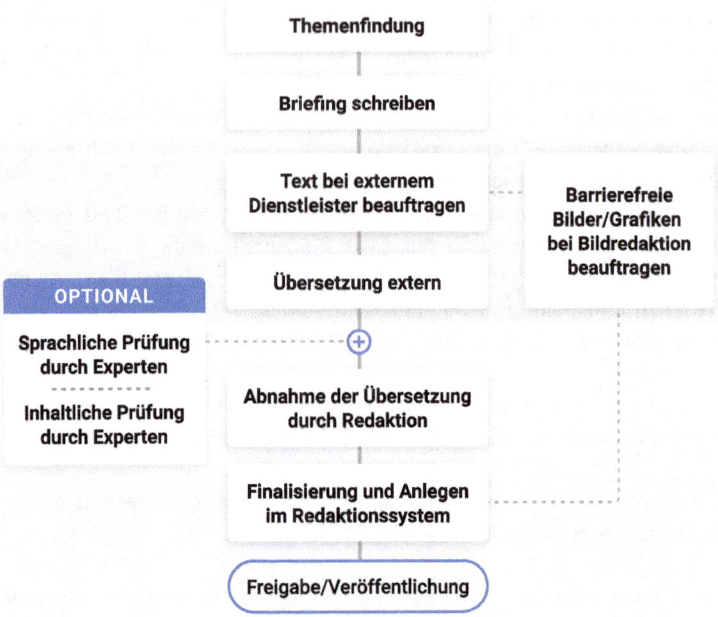

Abb. 6 Externer Workflow. (Eigene Darstellung)

5 Fazit

Dieses Kapitel war der Einstieg ins Thema: Ein Überblick über die verschiedenen Entscheidungsprozesse, die Sie beim Implementieren von KI-Tools in Ihre Redaktionsprozesse in Einfacher Sprache durchlaufen: Wie leicht oder wie komplex soll Ihr Angebot werden? Ist es also Leichte Sprache, Einfache Sprache oder Leichte Sprache Plus? Hier kommt es darauf an, für welche Zielgruppen Sie schreiben. Vielleicht sind Sie per Gesetz verpflichtet, Angebote in Leichter Sprache zu machen? Diese wären ein Zusatzangebot. Angebote in Einfacher Sprache gehen eigentlich immer, wenn Sie als Experten Angebote für ein Publikum von Nicht-Experten vorhalten. Hier kann Ihnen die KI bei der Umsetzung helfen. Wir haben dargestellt, wie Sie Ihren Übersetzungsprozess in Einfache Sprache gestalten und welche Optionen Sie bei der Auswahl der Tools haben. KI beschleunigt Ihren Redaktionsprozess, aber der menschliche Faktor bleibt erhalten:

Pre-Editing und Post-Editing stellen sicher, dass die Ergebnisse nicht nur sprachlich verständlich, sondern auch inhaltlich korrekt sind. Und schließlich haben wir Ihnen einen ersten Überblick über den Workflow gegeben. Dieser unterscheidet sich, wenn Sie alles im Haus erledigen oder wenn Sie bestimmte Aufgaben extern beauftragen. Während externe Übersetzungen präzise Briefings erfordern, müssen Sie bei einer internen Umsetzung in Schulungen und den Kompetenzaufbau im Team investieren.

In den kommenden Kapiteln gehen wir nun auf alle diese Punkte genauer ein, damit Sie Ihren Redaktionsprozess der Erstellung von Texten in Einfacher (oder Leichter) Sprache mit KI erfolgreich umsetzen können.

Christiane Maaß ist seit 2011 Professorin für Medienlinguistik an der Universität Hildesheim. Dort ist sie seit 2014 Direktorin der von ihr gegründeten Forschungsstelle Leichte Sprache und hat mit dieser Forschungseinrichtung zahlreiche Forschungs- und Transferprojekte mit öffentlichen Stellen und privaten Organisationen durchgeführt. Seit 2018 ist sie Leiterin des Masterstudiengangs Barrierefreie Kommunikation an der Universität Hildesheim. Sie ist Leiterin des Fachbereichs Barrierefreie Gesundheitskommunikation des Deutschen Netzwerks Gesundheitskommunikation und Sachverständige für die Bundesinitiative Barrierefreiheit der Bundesregierung für „Digitales/Leichte Sprache". Sie ist Ko-Autorin des Duden Leichte Sprache und Mitherausgeberin des Handbuchs Barrierefreie Kommunikation.

Ekaterina Lapshinova-Koltunski ist seit 2022 Professorin für mehrsprachige technische Fachkommunikation an der Stiftung Universität Hildesheim. Dort lehrt sie im Bereich der Übersetzungswissenschaft und Fachkommunikation und leitet den Studiengang ‚Internationale Fachkommunikation'. Zu ihren Forschungsschwerpunkten gehört unter anderem Evaluierung maschineller Übersetzung.

Julian Hörner ist Projektmanager im Project Management Office beim Wort & Bild Verlag. In dieser Rolle verantwortet er die Umsetzung komplexer Projekte im Gesundheitsjournalismus. Sein Spezialgebiet ist die Erstellung und Aufbereitung von Gesundheitsinformationen in Einfacher Sprache, um so die Gesundheitskompetenz in der Bevölkerung zu fördern. Als wissenschaftlicher Autor schreibt der promovierte Kulturwissenschaftler Beiträge zu den Themen Gesundheitskommunikation, kulturelle Transformationsprozesse und Gesundheitskultur.

Einfache Sprache: Einfach, leicht, verständlich?

Christiane Maaß und Sergio Hernández Garrido

Zusammenfassung

In diesem Kapitel lernen Sie die Einfache Sprache kennen: eine Kommunikationsform, die sich an nicht-fachkundige Leserinnen und Leser richtet. Einfache Sprache stellt komplexe Informationen in verständlicher sprachlicher Form dar. Sie richtet sich an Personen, die keine Fachexperten für das Thema eines Texts sind und sich schnell und einfach informieren wollen. Die Einfache Sprache ist nicht die einzige Möglichkeit, einen Text verständlicher einzurichten. Wir gehen hier deshalb auch auf die verschiedenen Formen der verständlichen Kommunikation ein: neben der Einfachen Sprache auch auf die Leichte Sprache und die Leichte Sprache Plus. Die Leichte Sprache hat eine noch viel ausgeprägtere Verständlichkeit. Sie richtet sich an Personen mit ausgeprägten Verstehensschwierigkeiten. Die Leichte Sprache Plus liegt zwischen Einfacher Sprache und Leichter Sprache. In diesem Buch steht die Einfache Sprache im Vordergrund. Entsprechend liegt der Schwerpunkt in diesem Kapitel auf den Regelwerken zur Einfachen Sprache. Wir gehen auf das Prinzip der Nutzertestung ein und geben Ihnen dann die wichtigsten Regeln und Hinweise für Ihre Textpraxis in Einfacher Sprache. Darunter fallen z. B. die Verwendung von kurzen Sätzen, die Vermeidung von Fachtermini und die Verwendung

C. Maaß (✉) · S. Hernández Garrido
Universität Hildesheim, Hildesheim, Deutschland
E-Mail: maassc@uni-hildesheim.de

S. Hernández Garrido
E-Mail: hernandezs@uni-hildesheim.de

C. Maaß et al. (Hrsg.), *Einfache Sprache mit KI-Tools*,
https://doi.org/10.1007/978-3-658-47867-4_3

von visuellen Elementen wie Bildern und Farbleitsystemen. Dabei geben wir jeweils an, welchen Schritt die KI für Sie erledigen kann und wo Sie selbst Hand anlegen müssen.

1 Einfache Sprache, Leichte Sprache, Leichte Sprache Plus

Redaktionelle Inhalte kommen oft von Experten und sind häufig ziemlich fachlich und komplex. Nicht-Experten stoßen mit solchen Texten an ihre Grenzen, wenn die Inhalte zu lang oder zu kompliziert dargestellt sind, zu viele Fachwörter oder auch mehr Information enthalten, als sie brauchen. Dann passiert es, dass die Informationen unverständlich sind oder dass sie mehr Zeit und Aufmerksamkeit von den Lesern erfordern, als diese zur Verfügung haben oder investieren wollen. Aber es geht auch verständlicher. In diesem Kapitel erfahren Sie, welche Optionen dafür zur Verfügung stehen. Verständlichkeit kann man nämlich dosieren: Einfache Sprache ist deutlich verständlicher und weniger komplex als Fachsprache, aber Leichte Sprache Plus oder gar Leichte Sprache sind noch viel verständlicher und weniger komplex, siehe Abb. 1:

1.1 Einfache Sprache: Moderates Ausmaß an Verständlichkeit

Die **Einfache Sprache** richtet sich im Grunde an alle Personen, die **keine Fachexperten** für das Thema eines Texts sind und sich nur schnell und einfach informieren wollen. Einfache Sprache ist aber auch für Personen geeignet, die Deutsch nicht als Muttersprache haben oder die weniger flüssig lesen können als geübte

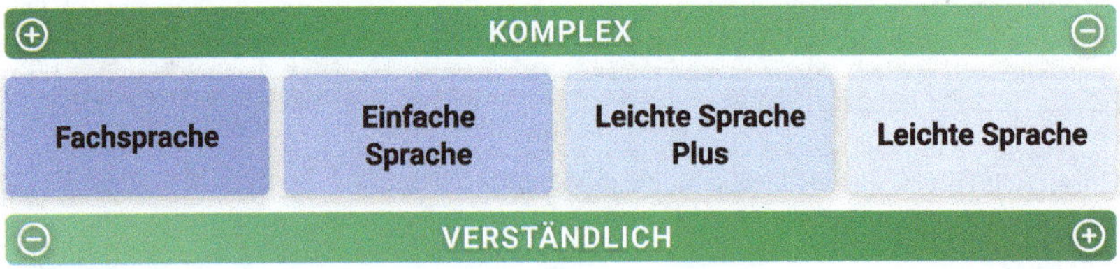

Abb. 1 Von Fachsprache zu Leichter Sprache: weniger Komplexität, mehr Verständlichkeit. (Eigene Darstellung)

Leser. Für diese Leserinnen und Leser sind die Standardtexte häufig so schwer, dass sie nicht auf die Inhalte zugreifen können. Sie sind dann auf verständlichere Texte angewiesen. Texte in Einfacher Sprache sind für die meisten Leserinnen und Leser **akzeptabel.** Nicht für alle sind sie aber verständlich genug.

Für Einfache Sprache gibt es **Richtlinien und Regeln.** Diese sind nicht fix und festgelegt, sondern enthalten einen **Handlungsspielraum,** der sich am jeweiligen Thema und Publikum orientiert. Die Vorgaben zur Einfachen Sprache haben viel Überschneidung mit Styleguides zum allgemeinen Verfassen guter Texte.

Für die Einfache Sprache gibt es verschiedene Regelwerke und inzwischen auch eine **DIN-Norm.** Wir stellen die verschiedenen Regelwerke und Akteure im Abschn. 2 kurz vor. Die Richtlinien und Regeln der Einfachen Sprache gehen im Wesentlichen auf die Erkenntnisse der **Verständlichkeitsforschung** zurück: Wir wissen nämlich ziemlich genau, was Texte verständlich macht und was dazu beiträgt, dass man die in ihnen enthaltenen Informationen gut im eigenen Handeln einsetzen kann. Für Einfache Sprache wählen wir aus dem Repertoire der Verständlichkeit so aus, dass **gut lesbare, handlungsorientierende Texte** entstehen: klar und übersichtlich, nicht zu fachlich, nicht zu informationsdicht.

1.2 Es geht noch sehr viel leichter: Leichte Sprache

Neben der Einfachen Sprache (auf Englisch: „Plain Language“) gibt es die **Leichte Sprache** (auf Englisch: „Easy Language“). Die Leichte Sprache folgt denselben grundlegenden Prinzipien wie die Einfache Sprache, nur in viel ausgeprägteren Maße. Texte in Leichter Sprache richten sich an **Personen mit ausgeprägten Verstehensschwierigkeiten,** zum Beispiel wegen einer intellektuellen Beeinträchtigung, einer demenziellen Erkrankung, einer Kommunikationsbehinderung oder bei sehr geringen Deutschkenntnissen. Leichte Sprache nutzt alle Strategien, die Texte verständlicher machen (nicht nur einige, wie das die Einfache Sprache tut), zum Beispiel diese:

- Sie verwendet nur **kurze, bekannte Wörter.**
- Auch relativ einfache Wörter werden **erklärt.**
- Ein Gegenstand oder Vorgang wird mit immer demselben Wort bezeichnet, es gibt **keine stilistische Varianz.**
- Es gibt **nur Hauptsätze,** Satzgefüge werden vermieden.
- In den Texten stehen **nur die wesentlichen Informationen** zu einem Thema.
- Jeder Satz steht auf einer **neuen Zeile.**

- Die **Schriftart ist groß** und gut wahrnehmbar, im Seitenlayout ist **viel Weißfläche.**
- Häufig enthalten Texte in Leichter Sprache zudem spezielle **Bilder** zur Veranschaulichung.

Texte in Leichter Sprache sind für die Leser ohne Kommunikationsbehinderung, die mit Einfacher Sprache zurechtkommen, zu leicht und enthalten zu wenig Informationen. Werden solche Leser trotzdem mit Leichter Sprache adressiert, so reagieren sie häufig ablehnend: Es ist nicht schön, Dinge erklärt zu bekommen, die man schon weiß. Das enthält die Unterstellung, man würde nicht verstehen. **Texte in Leichter Sprache sind deshalb für viele Leser nicht akzeptabel.** Deshalb ist Leichte Sprache immer ein **Zusatzangebot** zu einem Text in Standard- oder Fachsprache.

1.3 Der Ausgleich: Leichte Sprache Plus

Es besteht also ein **Dilemma:**

- **Einfache Sprache** ist zwar im Allgemeinen für alle Menschen **akzeptabel,** aber sie ist für bestimmte Personengruppen **nicht leicht genug.**
- **Leichte Sprache** dagegen ist maximal **verständlich,** aber für viele Personengruppen **nicht akzeptabel.**

Deshalb gibt es zwischen der Leichten Sprache und der Einfachen Sprache noch ein weiteres Sprachniveau, die dieses Dilemma auszugleichen versucht: die **Leichte Sprache Plus** (auf Englisch: „Easy Language Plus"). Sie entsteht, wenn von der Leichten Sprache aus in Richtung der Einfachen Sprache „angereichert" wird. Das heißt: Texte in Leichter Sprache Plus sind ausgesprochen verständlich, aber weniger leicht als Leichte-Sprache-Texte. Das betrifft zum Beispiel die folgenden Bereiche:

- Mehr Wörter werden als bekannt vorausgesetzt und daher nicht erläutert.
- Einfache Hauptsatz-Nebensatz-Gefüge können verwendet werden.
- Das Layout ist zwar gut wahrnehmbar, orientiert sich aber an den Üblichkeiten der Textsorte. Damit können die Leser und Leserinnen das Vorwissen aktivieren, das sie zu diesen Textsorten schon haben.

Dadurch reduziert Leichte Sprache Plus die Eigenschaften, die zu einer geringeren Akzeptabilität führen. Gleichzeitig ist sie verständlicher als die meisten Einfache-Sprache-Texte. Dies zeigt Abb. 2:

In der Praxis wird oft nur zwischen Leichter Sprache und Einfacher Sprache unterschieden. Man kann dann Leichte Sprache Plus als eine sehr leichte Form der Einfachen Sprache bezeichnen. Wir können die Grafik dann so ergänzen, siehe Abb. 3:

1.4 Wen adressieren Sie wie?

Mit Einfacher Sprache, Leichter Sprache Plus und Leichter Sprache sprechen Sie diese Gruppen an, siehe Tab. 1.

Abb. 2 Einfache Sprache, Leichte Sprache Plus und Leichte Sprache: verständlich vs. akzeptabel. (Eigene Darstellung)

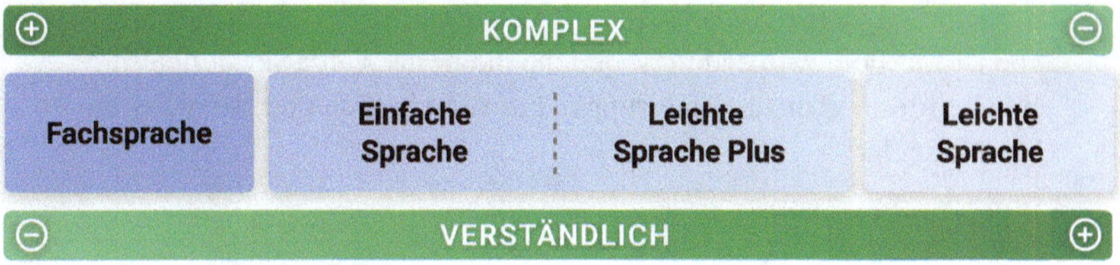

Abb. 3 Von Fachsprache zu Leichter Sprache: Leichte Sprache Plus als Form der Einfachen Sprache. (Eigene Darstellung)

Tab. 1 Die Zielgruppen der verständlichen Deutsch-Varianten. (Eigene Darstellung)

Fachliche Texte	Texte in Einfacher Sprache	Texte in Leichter Sprache Plus	Texte in Leichter Sprache
• Fachexperten • Personen mit sehr hoher Lesefähigkeit • Personen mit ausgeprägten Vorkenntnissen zum Thema • Personen mit großem Interesse am Thema des Texts	• Fachliche Laien, die schnell an die Inhalte kommen wollen • Personen mit wenig ausgeprägtem Interesse am Thema des Texts • Personen mit geringen Vorkenntnissen zum Thema des Texts • Personen mit anderer Erstsprache als Deutsch, aber mit guten Sprachkenntnissen (B2 oder mehr)	• Personen mit geringerer Lesefähigkeit • Personen mit leicht ausgeprägten Kommunikationseinschränkungen • Personen mit anderer Erstsprache als Deutsch (B1 oder mehr)	• Personen mit Kommunikationsbehinderung • Personen mit ausgeprägten Versteheinseinschränkungen, z. B. wegen intellektueller Beeinträchtigung • Personen mit stark eingeschränkter Lesefähigkeit • Personen mit sehr geringen Deutschkenntnissen (Niveau A1, A2)

In dem Projekt von Apotheken Umschau und Forschungsstelle Leichte Sprache haben wir die besonders leichte Form der Einfachen Sprache gewählt: Leichte Sprache Plus. Textbeispiele finden Sie in Kap. Beispieltexte dieses Buchs.

▶ Es gibt verschiedene Abstufungen der Verständlichkeit. Einfache Sprache – Leichte Sprache Plus – Leichte Sprache. Einfache Sprache ist für viele Anwendungsbereiche die beste Wahl: Sie stellen Ihre Inhalte für die meisten Zielgruppen gut verständlich und auf akzeptable Weise dar.

2 Regelwerke und Akteure im Bereich der Einfachen Sprache

In diesem Abschnitt stellen wir wichtige Regelwerke, Richtlinien und Normen vor. In Abschn. 3 und 4 bündeln wir die Vorgaben in einer Weise, die Sie in Ihrer Textpraxis unterstützen soll: In Abschn. 3 gehen wir auf die Nutzertests ein, die Teil vieler Regelwerke und Handreichungen sind; in Abschn. 4 geben wir Ihnen zentrale Regeln für Ihre Textpraxis an die Hand.

2.1 DIN Einfache Sprache und ISO Plain Language

Zur Einfachen Sprache gibt es deutsche und internationale Normen:

- die DIN ISO 24495-1 „Einfache Sprache – Teil 1: Grundsätze und Leitlinien (ISO 24495-1:2023)"
- und die DIN 8581-1 „Einfache Sprache – Anwendung für das Deutsche – Teil 1: Sprachspezifische Festlegungen"

DIN steht für „Deutsches Institut für Normung", ISO für „International Organization for Standardization", wobei „iso" auf Altgriechisch „gleich" bedeutet. Beides sind Normungsinstitutionen, die unterschiedlichste Bereiche regeln: die DIN für Deutschland, die ISO international.

ISO- und DIN-Normen sind nicht verbindlich, das heißt, sie müssen nicht befolgt werden. Sie stellen lediglich eine Art „Best Practice" dar. Manchmal werden DIN- oder ISO-Normen Teil von Gesetzen; dies ist für die Einfache Sprache im Moment aber noch nicht der Fall. Dennoch ist es gut zu wissen, was in den Normen steht, denn sie sind Teil öffentlicher Ausschreibungen und geben wertvolle Hinweise für eine gute Praxis. Wir gehen in diesem Abschnitt darüber hinaus auch noch auf andere Regelwerke ein.

Die ISO 24495-1:2023 hat im Jahr 2023 „Governing principles and guidelines" für „Plain Language" vorgelegt, die DIN ISO 24495-1 stellt die deutsche Übersetzung dieser „Grundsätze und Leitlinien" dar. Der Ansatz ist sehr stark an den potenziellen Leserinnen und Lesern orientiert; wir gehen darauf in Abschn. 3 ein. Hinzu kommt die DIN 8581-1, die „sprachspezifische Festlegungen" für das Deutsche enthält. Diese decken sich inhaltlich weitgehend mit denen in anderen Regelwerken, zum Beispiel den nachfolgend aufgeführten. Sie sind in die Zusammenfassung der wichtigsten Strategien für die Einfache Sprache in Abschn. 4 eingegangen.

2.2 Plain Language Association International (PLAIN)

Die ISO/DIN Plain Language/Einfache Sprache zeigt es: die meisten Prinzipien der Einfachen Sprache funktionieren sprachübergreifend. Entsprechend können auch englischsprachige Regeln für Einfache Sprache auf das Deutsche angewendet werden. Die PLAIN ist eine Non-Profit-Organisation, die 2008 gegründet wurde und verschiedene Ressourcen zur Einfachen Sprache zur Verfügung stellt: https://plainlanguagenetwork.org/. Sie finden auf der Seite verschiedene Informationen zur Einfachen Sprache sowie Vernetzungsmöglichkeiten.

2.3 Arbeitshandbuch „Bürgernahe Verwaltungssprache"

Eine gut zugängliche Handreichung zur Einfachen Sprache ist das Arbeitshandbuch „Bürgernahe Verwaltungssprache" des Bundesverwaltungsamts, das in vierter Auflage im Jahr 2002 erschienen ist. Das Konzept der "bürgernahen Sprache" entspricht dem der Einfachen Sprache im Bereich juristisch-administrative Kommunikation. Den Link zum Herunterladen finden Sie in den ***Literaturhinweisen*** am Ende dieses Kapitels. Das Handbuch geht auf die Bereiche „Verständlichkeit", „Bürgernähe" und „Förderung der Zusammenarbeit von Behörden und Privatpersonen" ein. Bei Einfacher Sprache geht es nicht nur um Verständlichkeit im engeren Sinne. Vielmehr ist die Adressierung der Leser und Leserinnen ein ganz wichtiges Thema. So sollen die Schreiber aus der öffentlichen Verwaltung zum Beispiel „Amtsgehabe und Kanzleistil" vermeiden, „persönlich" schreiben und „vertrauensbildend" argumentieren, Befehle sollen durch Aufforderungen ersetzt werden. Sie sollen, kurz gesagt, nah beim Bürger sein, also nahbar und zugänglich. Das ist der Kern des Konzepts der Einfachen Sprache, und zwar nicht nur für die juristisch-administrative Kommunikation, sondern auch für alle anderen fachlichen Gebiete, etwa für den Bereich Gesundheitsinformation.

2.4 Die Broschüre „Klar und deutlich schreiben" der Europäischen Kommission

Diese Broschüre gibt es in den Arbeitssprachen der Europäischen Union, also auch auf Deutsch. Sie richtet sich an die Mitarbeitenden der Europäischen Kommission selbst. Als Gründe für klares und deutliches Schreiben benennt sie, man wolle effektiver miteinander kommunizieren, unnötige Nachfragen vermeiden und Goodwill aufbauen. Auch hier geht es also um Verständlichkeit und den guten Ton.

2.5 Das „Infoportal Einfache Sprache"

Das „Infoportal Einfache Sprache" bündelt umfangreiche Informationen rund um die Einfache Sprache. Unter „ABC der Einfachen Sprache" findet man dort Informationen zu den DIN-Normen, Best-Practice-Beispiele und Verweise auf Forschung zur Einfachen Sprache. Es gibt Informationen zu Anbietern und eine Textsammlung zu verschiedenen fachlichen Domänen. In der Rubrik „Einfach schreiben" finden sich auch gut verständliche Informationen zum Benutzen von KI-Tools mit einer Evaluation von am Markt befindlichen Systemen.

2.6 Das Kapitel „Einfache Sprache" im Duden Leichte Sprache

Der Duden Leichte Sprache (siehe Literaturliste unter Weiterführende Literatur) hat einen Schwerpunkt auf der Leichten Sprache. Er gibt in Kap. 14 aber auch detaillierte Regeln für die Einfache Sprache. Dabei gehen die Autorinnen von den Anwendungsdomänen aus: Es ist ein Unterschied, ob ein Text **alltagsnahe** oder **fachliche** Themen verhandelt:

- **Alltagsnah** sind etwa Regionalnachrichten oder eine Broschüre über Kindererziehung. Bei alltagsnahen Themen muss die sprachliche Form nicht zu leicht sein und kann sich an den **Regeln der Einfachen Sprache** orientieren.
- **Fachliche** Themen sind zum Beispiel juristisch-administrative Texte oder Texte der Gesundheitskommunikation. Bei fachlichen Themen ist ein höherer Grad an Verständlichkeit sinnvoll und die Einfache Sprache orientiert sich stärker an den **Regeln der Leichten Sprache** (das ist das Prinzip der **„Leichten Sprache Plus"**).

▶ Je fachlicher das Thema, desto leichter sollte die sprachliche Umsetzung sein.

3 Ein Wort zu Nutzertests

Viele Regelwerke und Handreichungen tragen Ihnen auf, dass Sie Ihre Einfache-Sprache-Texte mit Nutzertests überprüfen sollten. Lassen Sie uns dies hier einmal einordnen.

Schon in Abschn. 1.4 haben Sie erfahren, dass verständliche Kommunikation im Sinne von Einfacher Sprache, Leichter Sprache und Leichter Sprache Plus auf verschiedene Zielgruppen zugeschnitten ist. Die Orientierung am Leser ist für alle drei gut verständlichen Varianten des Deutschen ein sehr wichtiges Kriterium – das gilt also auch für die Einfache Sprache. Einfache Sprache soll, so die DIN ISO 24496-1, relevante Inhalte für die Zielgruppen **auffindbar, verständlich und nutzbar** machen. Die Textangebote sollen für die Zielgruppen **hilfreich** sein. Es ist ein gemeinsamer Zug vieler Regularien zur Einfachen Sprache, dass sie in dieser Weise an den Zielgruppen orientiert ist. Sie geben uns auf, uns zu fragen:

- Wer soll unseren Text nutzen?
- Was hat diese Person für eine Bildung?
- Welche Lesefähigkeit hat sie?
- Welches Vorwissen hat sie zum Thema?
- Wie viel Interesse hat sie am Thema?
- Hat sie möglicherweise Angst oder Vorbehalte gegenüber der Situation, den Gesprächspartnern oder dem Text?

Diese Fragen sind sehr sinnvoll und ihre Bedeutung ist durch die Forschung gut belegt. Denn die Forschung hat unter anderem dies gezeigt:

- Leser und Leserinnen können sich nur eine bestimmte Zahl neuer Informationen merken.
- Wenn ein Text zu viele Informationen enthält, dann ist er eben nicht hilfreich, sondern tendenziell überfordernd.
- Wenn ein Text zu komplex ist: zu viele Fachbegriffe, zu lange Sätze, zu viel Information, dann ist er nicht verständlich.
- Wenn er den Nutzern und Nutzerinnen zu viel abverlangt, dann macht er sie ärgerlich oder mutlos und sie legen ihn zur Seite oder wischen auf ihrem Smartphone weiter.

Entsprechend ist es hilfreich, wenn man seine Zielgruppen kennt und entlang solcher Kriterien einschätzen kann. Und so fordern viele Regularien der Einfachen Sprache, man solle sich von seinen Zielgruppen Feedback holen und mit ihnen die Texte testen.

Exemplarisch möchten wir das an der **DIN ISO 24495-1 „Einfache Sprache – Teil 1: Grundsätze und Leitlinien (ISO 24495-1:2023)"** zeigen. Gemäß den Vorgaben aus dieser Norm sollen Autorinnen und Autoren herausfinden, wer den Text mit welchem Ziel und in welchem Kontext nutzen will. Damit ein Text für die Nutzerinnen und Nutzer auch wirklich hilfreich ist, soll die Textpraxis beständig überprüft und überarbeitet werden. Es wird zu einer Zielgruppenprüfung für jeden einzelnen Text geraten, entweder in Form von Interviews, Online-Feedback oder ausführlichen Gebrauchstauglichkeitsprüfungen. Damit legt die DIN ISO 24495-1 große Verantwortung auf die Autorinnen und Autoren von Texten in Einfacher Sprache. Sie sollen ihre Textpraxis umfassend mit Nutzerfeedback unterlegen; die Anweisungen selbst bleiben dagegen relativ vage. Deutlich konkreter wird die **DIN 8581-1 „Einfache Sprache – Anwendung für das Deutsche – Teil 1: Sprachspezifische Festlegungen".** Sie enthält konkrete textseitige Vorgaben für die Einfache Sprache in ähnlicher Form wie im nachfolgenden Abschnitt.

Eine Überprüfung mit Nutzern ist vor allem dann besonders wichtig, wenn Sie mit Ihrem Angebot bestimmte Zielgruppen adressieren, zum Beispiel in Schulbüchern für eine bestimmte Klassenstufe oder bei Büchern für Orientierungskurse für Lernende des Deutschen. Dann ist es sehr ratsam, Feedback bei den konkreten Zielgruppen einzuholen. Einige Hinweise zu solchen Tests erhalten Sie in Kap. Bewertung.

Wenn Sie aber ein redaktionelles Angebot ins Internet stellen, so ist dieser Ansatz weniger praktikabel: Denn potenziell kann jeder oder jede über eine Google-Suche auf Ihre Texte stoßen. Damit soll einfach allgemein die Zugänglichkeit, Verständlichkeit und Nutzbarkeit der Inhalte erhöht werden. Mit wem sollten Sie also testen – und mit welchen Ressourcen? Jeden einzelnen Text mit einer Feedbackgruppe von potenziellen Leserinnen und Lesern zu testen, das bildet sich normalerweise nicht im regulären Betrieb einer Redaktion ab.

Tatsächlich ist es unsere Wahrnehmung, dass in der Textpraxis der Einfachen Sprache Nutzerbefragungen aktuell **keine** große Rolle spielen. Anders als Texte in Leichter Sprache adressieren Einfache-Sprache-Texte ja meist keine konkrete Gruppe, sondern richten sich ganz allgemein an fachliche Laien. Es ist ziemlich gut erforscht, welche Eigenschaften einen Text leichter verständlich machen (auch dies kann man für den einzelnen Text testen, siehe ebenfalls Kap. Bewertung). Diese Strategien dann konsequent anzuwenden, führt zu messbar besser verständlichen Texten. Die wichtigsten Strategien finden Sie im nächsten Abschnitt. Wenn Sie zu dem Thema mehr wissen wollen, finden Sie in der Literaturliste **Weiterführende Literatur.**

4 So sollten Ihre Texte in Einfacher Sprache aussehen

Die nachfolgenden Ausführungen enthalten eine Zusammenschau derjenigen Vorgaben, die Sie in typischen Handreichungen zur Einfachen Sprache finden. Wichtige Regelwerke und Styleguides zur Einfachen Sprache finden Sie oben in Abschn. 2.

4.1 Auswahl der Informationen, Textstruktur und Textlänge

Leser und Leserinnen möchten normalerweise möglichst schnell verstehen, was die zentrale Information in einem Text ist. Sie wollen hilfreiche Texte, die ihnen Handlungsorientierung geben. Einfache-Sprache-Texte sollten also schnell auf den Punkt kommen. Was soll der Text in der Zielsituation leisten? Welche Information muss dafür in den Text? Natürlich können Sie hierzu Nutzertests durchführen, wenn das die Ressourcen in Ihrem Haus hergeben. Sie können sich aber auch einfach einmal in die Perspektive der Leserinnen und Leser hineinversetzen. Was brauchen diese, um die Situation mit Unterstützung Ihres Texts gut zu meistern? Mit welchem Ziel, glauben Sie, wollen Ihre Leserinnen und Leser Ihren Text nutzen? Dieser Perspektivwechsel hilft meist schon sehr gut bei der Umsetzung der nachfolgenden Hinweise.

Halten Sie Ihren Text kurz und simpel. Die Informationsstruktur sollte nachvollziehbar sein. Der Leser oder die Leserin sollen auf einen Blick erkennen können: Was für eine Art von Inhalt erwartet mich:

- Gegenstandsbereich?
- Thema?
- Informierend oder handlungsleitend?
- Wie greifen die verschiedenen Informationsbausteine und Textteile ineinander?
- Was sind die Hauptaussagen?

Dafür hilft eine klare Textgliederung. Dieser Aspekt funktioniert mit KI-Tools häufig schon sehr gut und Sie werden meist einen guten bis sehr guten Input für die Nachbearbeitung erhalten. Aber Sie müssen am Ende selbst überprüfen und einschätzen, ob das Ergebnis den Erfordernissen entspricht.

Es kann auch sein, dass Sie Ihren Ausgangstext vor dem Übersetzen in Einfache Sprache bearbeiten müssen (wir nennen das Pre-Editing; mehr Informationen dazu finden Sie in Kap. Bewertung). Schauen Sie sich Ihr Textmaterial kritisch an. Überlegen Sie:

- Wie viel Hintergrund ist wirklich nötig?
- Lässt sich Extra-Information in weitere Texte ausgliedern?

Manchmal können Sie Vorwissen, das zum Lesen eines Texts nötig ist, bei Ihrem Publikum nicht voraussetzen. Wenn Erklärungen eingefügt werden müssen, hat das aber Auswirkungen darauf, wie viel Sie in dem Text noch unterbringen können. Die Broschüre „Klar und deutlich schreiben" der Europäischen Kommission setzt eine Obergrenze von 15 Seiten für ein Dokument. Dies mag für den Bereich Print gelten. Für Online-Texte ist dies in den meisten Fällen schon erheblich zu lang. Achten Sie bei Texten jenseits einer Druckseite (ca. 2300–2500 Zeichen) auf eine gute und sichtbare innere Struktur, die etwa durch Zwischenüberschriften signalisiert wird. Stellen Sie Ihrem Text dann auch eine Zusammenfassung voran. Für beides können Sie über Ihr KI-Tool Lösungen generieren, die häufig bereits eine gute oder sehr gute Qualität haben.

Und schließlich: Stückeln sie nicht bestehende Texte aneinander, sondern prüfen Sie, ob wirklich nur das dort steht, was Ihre Leserinnen und Leser im konkreten Fall benötigen. Prüfen Sie, ob die Informationen noch aktuell sind; häufig sind die Informationen auf der eigenen Webseite nicht mehr alle up-to-date. Durch das Übersetzen in Einfache Sprache werden sie natürlich auch nicht aktueller. Diese Prüfung kann Ihnen das KI-Übersetzungstool nicht abnehmen. Sie ist Teil des Pre-Editing und Post-Editing. Mehr dazu lesen Sie in Kap. Redaktionsprozesse.

4.2 Wörter

Sie sollten in Ihren Texten solche Wörter verwenden, bei denen Sie davon ausgehen dürfen, dass die Zielgruppen sie kennen. Hier stellt sich wieder die Frage, wen Sie überhaupt adressieren. Sie können sich hier zum Beispiel an der Zielgruppe mit Deutsch als Fremdsprache orientieren: Mit hoher Wahrscheinlichkeit sind unter Ihren Lesern Personen, deren Muttersprache nicht deutsch ist und die nicht alle Wörter des erweiterten Wortschatzes beherrschen. Wenn Sie gut verständliche Angebote machen wollen, können Sie sich auf die Vorgaben des Gemeinsamen Europäischen Referenzrahmen (GER) für Sprachen stützen. Auf den

Seiten des Digitalen Wörterbuchs der deutschen Sprache der Berlin-Brandenburgischen Akademie der Wissenschaften (https://www.dwds.de/) finden Sie zum Beispiel Wortlisten, mit denen Sie prüfen können, ob ein Wort zum Wortschatz für das Goethe-Zertifikat der Niveaustufe A1, A2 oder B1 gehört.

Benötigen Sie darüber hinaus Fachtermini, die eher nicht allen Leserinnen und Lesern bekannt sind, dann sollte Ihr Text eine Erläuterung enthalten. Die KI wird Ihnen hier Vorschläge machen; Sie müssen im Anschluss aber prüfen, ob diese korrekt, ausreichend und sinnvoll sind. Mit automatisierten Tests können Sie die Verständlichkeit Ihres Texts **auf Wortebene** prüfen. Informationen dazu erhalten Sie im Kap. Bewertung.

4.3 Jenseits des einzelnen Worts: Wortgruppen und Sätze

Eine Grundregel der Einfachen Sprache ist „Verbalstil, nicht Nominalstil". Das bedeutet, dass die wichtigen Informationen nicht in komplexen nominalen Strukturen verbaut sein sollten, sondern lieber in kurzen Sätzen mit maximal einem Nebensatz:

> **Nicht:** Bei Vorliegen einer Penizillin-Allergie ist auf den Einsatz des Medikaments zu verzichten.
> **Besser:** Sie sind gegen Penizillin allergisch? Dann dürfen Sie das Medikament nicht nehmen.

Die Sätze sollten in Einfacher Sprache nicht zu lang sein: je länger der Satz, desto mehr Ressource benötigen die Leserinnen und Leser für das Verstehen und Verknüpfen der Informationen. Die Regelwerke schwanken zwischen 15 und 20 Wörtern pro Satz als empfohlene Satzlänge.

Wichtig ist aber vor allem die Einbettungstiefe: die Information sollte nicht in dreifach verschachtelten Nebensätzen erscheinen. Das verringert die Verständlichkeit nämlich erheblich. Einfache Satzgefüge aus einem Hauptsatz und einem Nebensatz können in Einfacher Sprache verwendet werden. Im nachfolgenden Beispiel sehen Sie einen Auszug aus der Gesundheitsinformation zum Thema "Bluthochdruck" der Apotheken Umschau. Links der Ausgangstext, rechts der Text in Leichter Sprache Plus (siehe Tab. 2).

Tab. 2 Ein Beispiel für Leichte Sprache Plus aus dem Apotheken-Umschau-Projekt; Beispieltext „Bluthochdruck“, Ausgangstext und Text in Leichter Sprache Plus (linke Spalte: Apotheken Umschau 2023a, rechte Spalte: Apotheken Umschau 2024b)

„Bluthochdruck“: Ausgangstext	„Bluthochdruck“: Leichte Sprache Plus
Bluthochdruck (Fachbegriff: Hypertonie) wird oft unterschätzt: Er ist meist zunächst nicht spürbar und verursacht keine oder nur leichte Symptome, bei denen viele nicht hellhörig werden. Dabei kann die sogenannte arterielle Hypertonie verschiedene Organe schwer schädigen – und auch tödlich sein, wenn sie zu Folgen wie Herzinfarkt oder Schlaganfall führt	Bluthochdruck ist eine gefährliche Krankheit. Viele Menschen bemerken Bluthochdruck jedoch erst spät. Das ist gefährlich. Bluthochdruck kann nämlich viele andere Krankheiten auslösen. Zum Beispiel: • Herzinfarkt • Schlaganfall • Nierenerkrankungen • Oder andere Krankheiten

Ergebnisse von Übersetzungen mit KI-Tools sind auf der Satzebene häufig qualitativ schon sehr gut. Prüfen Sie, ob die angebotene Lösung wirklich korrekt ist! Leicht genug wird sie vermutlich meist sein. Letzteres können Sie darüber hinaus auch mit automatisierten Verständlichkeitstests prüfen (dazu mehr im Kap. Bewertung).

4.4 Tonalität

Viele Einfache-Sprache-Werke betonen, wie wichtig es ist, den Leserinnen und Lesern gegenüber einen respektvollen Ton anzuschlagen. Er sollte schlicht und freundlich, höflich und sachlich sein (so das Arbeitshandbuch „Bürgernahe Verwaltungssprache“). Die Leserinnen und Leser sollten, sofern möglich, direkt angesprochen werden (so wie oben im Penizillin-Beispiel: „Sie sind gegen Penizillin allergisch?“). Sie können dann den Inhalt des Dokuments leichter auf ihr Handeln übertragen. Die Leserinnen und Leser sollten nicht in ihrer Rolle angesprochen werden, etwa als „Hilfesuchende“ (nachzulesen in der DIN 8581–1). Dies vor allem dann nicht, wenn dadurch eine Hierarchie betont wird, wie das in diesem Beispiel der Fall ist: auf der einen Seite die Hilfesuchenden, auf der anderen Seite die Personen, die aus einer Expertenrolle heraus (z. B. als Ärztin oder Amtsperson) Hilfe geben. Wird eine solche Hierarchie nicht übermäßig betont, dann stehen die Chancen besser, dass Ihr Text für die Leserschaft akzeptabel ist und von ihnen überhaupt für eine Nutzung in Betracht gezogen wird. Wenn Sie ein KI-System verwenden, das Sie über Prompts steuern können (zum Prompting siehe Kap. Künstliche Intelligenz), dann können Sie Ihre Wünsche an die Tonalität mit eingeben. Aber auch sonst sind die Ergebnisse der KI-Tools hierzu häufig schon ziemlich gut. Es gibt auch die Möglichkeit, die Tonalität Ihres Texts mit einem KI-Tool zu überprüfen (siehe dazu Kap. Bewertung).

4.5 Layout

Das Layout übernimmt bei den hier vorgestellten Systemen die Maschine (noch) nicht für Sie. Sie müssen hier also im Rahmen des Post-Editing weitere Arbeitsschritte bzw. Ressourcen einplanen. Das Layout orientiert sich bei Einfacher Sprache an den Üblichkeiten der jeweiligen Textsorte. Nutzer und Nutzerinnen haben Erwartungen daran, wie ein Nachrichtentext, ein Formular oder eine Gesundheitsinformationsbroschüre etc. aussehen. In ihrem Kopf wird dann das entsprechende Vorwissen aktiviert, was ihnen beim Verarbeiten der Textinformationen hilft.

Auch wenn die Texte sich an den Üblichkeiten für die jeweilige Textsorte ausrichten: Sie können trotzdem die Verständlichkeit weiter verbessern. Dies tun Sie, indem Sie die Wahrnehmbarkeit der Inhalte erhöhen. Die Texte sollten also möglichst gut wahrnehmbar gestaltet sein, damit sie den Anforderungen an die Barrierefreiheit genügen. Für die Leserlichkeit gibt es eine eigene DIN Norm: die DIN 1450. Benutzen Sie für Ihren Einfache-Sprache-Text ausreichende **Kontraste.** Dazu gibt es Vorgaben von den WCAG 2.2 (das sind die Web Content Accessibility Guidelines): normalgroße Schrift sollte zum Beispiel einen **Kontrast von mindestens 7:1** haben. Weitere Informationen hierzu stellt zum Beispiel die Bundesregierung unter „Kontraste und Farben" zur Verfügung (siehe Presse- und Informationsamt der Bundesregierung 2025 in den Literaturangaben). Gut nutzbare, ebenfalls kostenlose Kontrastrechner-Tools finden Sie auf der Seite leserlich. info oder barrierefreies.design. Rot-Grün-Schwäche ist eine relativ häufig ausgeprägte Beeinträchtigung. Sie betrifft fast 10 % der Männer (der Anteil der Frauen ist deutlich geringer). Informationen sollten also nicht allein über rote und grüne Farbe signalisiert werden.

Silbentrennung macht potenziell Probleme und sollte möglichst vermieden werden. Wenn Sie Wörter abtrennen müssen, dann sollten Sie dies an der Hauptfuge tun („Silben-trennung", nicht: „Sil-bentrennung"). Die DIN 8581-1 schreibt Flattersatz vor, der in der Tat besser lesbar ist als Blocksatz, da beim Flattersatz die Wortabstände stets gleich sind. Bezüglich der Hervorhebungen gibt es leichte Abweichungen zwischen den Regelwerken. Die Lektüre ist erleichtert, wenn Hervorhebungen sparsam und mit wenig unterschiedlichen typographischen Mitteln ausgeführt werden. Studien zeigen, dass Wörter in Großbuchstaben und im Sperrdruck schlechter lesbar sind. Zu Kursiva und Unterstreichungen gibt es unterschiedliche Ansichten. Mit Fettdruck machen Sie nichts falsch.

4.6 Mediale Gestaltung

Es ist hilfreich, wenn Sie Ihren Text mit visuellen Elementen anreichern: Farbleitsysteme („Color Coding") helfen Leserinnen und Lesern zum Beispiel dabei zu verstehen, in welchem Teilthema sie gerade unterwegs sind: Gelber Balken im Seitenkopf für die Einleitung, grüner Balken für den Abschnitt mit den Empfehlungen und roter Balken für den Teil mit den Warnhinweisen zum Beispiel. Bilder können Inhalte veranschaulichen. Sie sind aber darüber hinaus vor allem dafür hilfreich, den Text nahbarer zu machen. Es geht nicht immer nur um mangelnde Verständlichkeit; Leserinnen und Leser haben möglicherweise schlechte Vorerfahrungen mit einem Thema oder den Personen gemacht, die sie in der Vergangenheit in dem thematischen Feld angetroffen haben (zum Beispiel in einer Behörde oder im Krankenhaus). Oder sie lesen insgesamt nicht sehr flüssig und sind von „Textwüsten" abgeschreckt. Auch Bilder können dabei helfen, die Lesemotivation zu erhöhen und negative Emotionen dem Text gegenüber abzumildern.

Gerade wenn Sie online unterwegs sind, haben Sie darüber hinaus noch weitere Möglichkeiten als nur Lesetext. Denken Sie darüber nach, die Textinformationen in weiteren Medienformaten zur Verfügung zu stellen: zum Beispiel als Video, als Podcast oder als Flowchart oder sonstige Visualisierung. Sie müssen dann allerdings darauf achten, dass diese Formate barrierefrei sind – dass Sie Ihr Video zum Beispiel mit Untertiteln ausstatten und Bilder mit Alternativtexten versehen. Auch bei diesen Aufgaben unterstützen Sie KI-Tools mit ständig steigender Qualität. Und auch hier gilt: Bitte nachkontrollieren! Automatische Untertitel und automatische Alternativtexte führen oft zumindest stellenweise zu unfreiwilliger Komik, die die Seriosität Ihrer Angebote untergräbt.

4.7 Wie einfach ist einfach genug? Hier eine Faustregel

Insgesamt gilt die Faustregel: Je schwieriger und komplexer ihr Thema und je weniger Vorwissen und geübten Umgang mit Texten Sie bei Ihren Leserinnen und Lesern voraussetzen können, desto tiefer sollten Sie in die Strategienkiste greifen: Also noch kürzere Sätze, noch mehr Erläuterungen, noch klarere Informationsstruktur, noch knappere Informationsauswahl. Sie nähern sich dann der Leichten Sprache Plus an (mehr dazu oben in Abschn. 1.3).

5 Regeln für Einfache Sprache

1. Verwenden Sie bekannte Wörter.
2. Nur kurze Sätze bis 20 Wörter mit maximal einem Nebensatz!
3. Konzentrieren Sie sich auf das Wesentliche.
4. Achten Sie auf klare inhaltliche Struktur des Texts.
5. Gönnen Sie Ihrem Text ein sehr gutes Layout mit Bildern und visuellen Leitsystemen.

5 Fazit

Für Ihr redaktionelles Angebot entscheiden Sie sich zunächst für eine Variante verständlicher Sprache: Einfache Sprache, Leichte Sprache Plus oder Leichte Sprache. Die Entscheidungsgrundlage ist die Rechtslage: Öffentliche Stellen müssen bestimmte Angebote in Leichter Sprache machen. Wenn Sie Zielgruppen mit Behinderung, zum Beispiel intellektueller Beeinträchtigung, adressieren, dann sollten Sie Ihr Angebot in Leichter Sprache machen. Sonst sind Einfache Sprache oder Leichte Sprache Plus das Mittel der Wahl. Haben Ihre Zielgruppen erhöhten Bedarf an Verständlichkeit (zum Beispiel, weil sie nicht so gut Deutsch können – B1 oder niedriger) oder ist der Inhalt sehr komplex, dann sollten Sie Leichte Sprache Plus bzw. eine sehr verständliche Form der Einfachen Sprache wählen. Für alle anderen Leserinnen und Leser ist die reguläre Einfache Sprache das Mittel der Wahl. Wie Sie zwischen den Varianten wählen, ist in Abb. 1 **Entscheidungsbaum Einfache Sprache, Leichte Sprache Plus oder Leichte Sprache?** dargestellt.

Einfache Sprache zeichnet sich durch höhere Verständlichkeit aus. Einfache Wörter; Erläuterung fachlicher Wörter; einfacher Satzbau; klare Strukturierung der Information. Gut wahrnehmbare visuelle Gestaltung; Einsatz von Farbleitsystemen und Bildern. Ergänzende Angebote wie Filme, Audio-Content oder Veranschaulichungen sind hilfreich.

Literatur

Apotheken Umschau. (2023a). Bluthochdruck: Ab wann wird er gefährlich?. https://www.apotheken-umschau.de/krankheiten-symptome/herz-kreislauf-erkrankungen/bluthochdruck-die-schleichende-gefahr-1013191.html. Zugegriffen: 20. März 2025.

Apotheken Umschau (2024b): Bluthochdruck. https://www.apotheken-umschau.de/einfache-sprache/krankheiten/bluthochdruck-1094211.html (abgerufen am: 20. März 2025.
barrierefreies.design. (o. J.). Kontrast von Farben berechnen. https://barrierefreies.design/barrierefreiheit-interaktiv-testen/farben-und-kontraste-pruefen. Zugegriffen: 20. März 2025.
Bundesverwaltungsamt (2002): Arbeitshandbuch „Bürgernahe Verwaltungssprache". www.bva.bund.de/SharedDocs/Downloads/DE/Oeffentlichkeitsarbeit/Buergernahe_Verwaltungssprache_BBB.pdf?__blob=publicationFile&v=5. Zugegriffen: 28. Jan. 2025.
DIN 1450:2024-11, Schriften – Leserlichkeit. https://doi.org/10.31030/3575091.
DIN 8581-1:2024-05, Einfache Sprache – Anwendung für das Deutsche – Teil 1: Sprachspezifische Festlegungen. https://doi.org/10.31030/3523268.
DIN ISO 24495-1:2024-03, Einfache Sprache – Teil 1: Grundsätze und Leitlinien (ISO 24495-1:2023). https://doi.org/10.31030/3508251.
DWDS – Digitales Wörterbuch der deutschen Sprache. Das Wortauskunftssystem zur deutschen Sprache in Geschichte und Gegenwart, hrsg. v. d. Berlin-Brandenburgischen Akademie der Wissenschaften, https://www.dwds.de/. Zugegriffen: 21. März 2025.
Europäische Union. (2011). Klar und deutlich schreiben. https://data.europa.eu/doi/10.2782/992413. Zugegriffen: 20. März 2025.
Infoportal Einfache Sprache. (o. J.). https://portaleinfach.org/. Zugegriffen: 20. März 2025.
leserlich.info. (o. J.). Kontrastrechner. Zur Berechnung und Überprüfung barrierefreier Farbkombinationen. https://leserlich.info/kontrastrechner. Zugegriffen: 20. März 2025.
Plain Language Association International (PLAIN). (o. J.). https://plainlanguagenetwork.org/. Zugegriffen: 21. März 2025.
Presse- und Informationsamt der Bundesregierung. (o. J.). Kontraste und Farben. https://styleguide.bundesregierung.de/sg-de/hilfsmittel/barrierefreiheit/kontraste-und-farben. Zugegriffen: 20. März 2025.
World Wide Web Consortium (W3C). (2024). Web Content Accessibility Guidelines (WCAG) 2.2. https://www.w3.org/TR/WCAG22/. Zugegriffen: 20. März 2025.

Weiterführende Literatur

Bredel, U. & Maaß, C. (2016a). *Leichte Sprache. Theoretische Grundlagen – Orientierung für die Praxis*. Duden.
Bredel, U., & Maaß, C. (2016b). *Ratgeber Leichte Sprache. Die wichtigsten Regeln und Empfehlungen für die Praxis*. Duden.
Maaß, C. (2020): *Easy Language – Plain Language – Easy Language Plus*. Frank & Timme.

Christiane Maaß ist seit 2011 Professorin für Medienlinguistik an der Universität Hildesheim. Dort ist sie seit 2014 Direktorin der von ihr gegründeten Forschungsstelle Leichte Sprache und hat mit dieser Forschungseinrichtung zahlreiche Forschungs- und Transferprojekte mit öffentlichen Stellen und privaten Organisationen durchgeführt. Seit 2018 ist sie Leiterin des Masterstudiengangs Barrierefreie Kommunikation an der Univ. Hildesheim.

Sie ist Leiterin des Fachbereichs Barrierefreie Gesundheitskommunikation des Deutschen Netzwerks Gesundheitskommunikation und Sachverständige für die Bundesinitiative Barrierefreiheit der Bundesregierung für „Digitales/Leichte Sprache". Sie ist Ko-Autorin des Duden Leichte Sprache und Mitherausgeberin des Handbuchs Barrierefreie Kommunikation.

Sergio Hernández Garrido ist wissenschaftlicher Mitarbeiter an der Universität Hildesheim und Studiengangsbeauftragter des Masterstudiengangs Barrierefreie Kommunikation. Er hat Translation an der Univ. Mainz-Germersheim und Medientext und Medienübersetzung an der Univ. Hildesheim studiert. Er ist Geschäftsführer der Forschungsstelle Leichte Sprache und Koordinator der Servicestelle Inklusiv Studieren in Niedersachsen (NESIS). In seiner Promotionsarbeit beschäftigt er sich mit audiovisuellen Formen der Barrierefreien Kommunikation kolumbianischer öffentlicher Stellen im Bereich Gesundheitskommunikation. In diesem Themenfeld hat er bereits mehrere Publikationen vorgelegt.

Content: Was ist Gesundheitsjournalismus?

Dennis Ballwieser

Zusammenfassung

Sie sollen **verständliche Texte** schreiben. Deshalb geht es in diesem Kapitel darum, wie Journalisten arbeiten. Es gibt viele Gründe, warum journalistische Texte nicht immer so verständlich sind, wie sie sein sollten. Besonders schwierig ist es, im Gesundheitsjournalismus einfach zu formulieren. Denn Medizin ist kompliziert. Und Mediziner untereinander sprechen eine Fachsprache, die nur wenige Menschen verstehen. Deshalb soll es in diesem Kapitel darum gehen, was Gesundheitsjournalismus ist und wie er funktioniert. **Das meiste, was für den Gesundheitsjournalismus gilt, hilft Ihnen, verständliche Texte zu schreiben.** Egal was Sie schreiben sollen. **Wir wissen, dass Menschen in Deutschland Gesundheitsinformationen schlecht verstehen.** Experten sagen, den Menschen fehlt die Gesundheitskompetenz. Die Menschen wissen nicht, wie sie Gesundheitsinformationen finden können, sie verstehen sollen, wie sie guten Rat von schlechtem Rat unterscheiden und was sie tun sollen, wenn sie die Informationen haben. **Es geht also um das Finden, Verstehen, Bewerten und Anwenden von Gesundheitsinformationen.** Auch, wenn für andere Lebensbereiche keine vergleichbaren Zahlen zur Kompetenz der Menschen bei einem Thema vorliegen, kann man die Kompetenzprobleme der Menschen vermutlich auf andere Bereiche übertragen. **Journalisten fragen sich vor dem Schreiben, für wen sie schreiben.** Das sollten Sie auch tun: Fragen Sie sich,

D. Ballwieser (✉)
Wort & Bild Verlag Konradshöhe GmbH & Co. KG, Baierbrunn, Deutschland
E-Mail: d.ballwieser@wubv.de

C. Maaß et al. (Hrsg.), *Einfache Sprache mit KI-Tools*,
https://doi.org/10.1007/978-3-658-47867-4_4

wer Ihren Text lesen wird. Wie müssen Sie den Text schreiben, damit diese Person den Text verstehen kann? Journalisten schreiben für Menschen ohne Spezialwissen. Wenn Experten die Texte lesen, müssen sie trotzdem richtig sein. Aber niemand soll Wissen mitbringen müssen, um einen journalistischen Text verstehen zu können. Allerdings klappt das nicht immer: Häufig schreiben Journalisten ihre Texte so, dass sie von Fachleuten besser verstanden werden, als von Menschen ohne Vorwissen. Deshalb müssen Journalistinnen und Journalisten dazulernen, wenn sie ihre Leserinnen und Leser gut informieren wollen. Was für den Journalismus gilt, das kann auch in allen anderen Bereichen helfen, in denen Texte geschrieben werden, um Menschen zu informieren. Der Journalismus und der Gesundheitsjournalismus sind deshalb **gute Beispiele**, an denen Sie lernen können, wie Sie bessere Texte schreiben.

1 Die Aufgabe des Gesundheitsjournalismus

Journalismus soll Menschen informieren. Bürger benötigen **unabhängige Informationen,** um in der Demokratie ihre Entscheidungen treffen zu können, zum Beispiel bei Wahlen. Egal, was Sie beruflich ganz konkret machen, **Sie wollen vermutlich auch andere Menschen informieren.** Wenn Sie in einer Behörde Texte für Bürger schreiben, sollen sie verstehen, was Sie von ihnen verlangen. Falls Sie in einer Firma ein Produkt beschreiben, dann müssen Ihre Kunden verstehen, warum Ihr Produkt gut ist.

Journalismus unterscheidet sich von anderen Informationen unter anderem dadurch, dass Redakteure alleine ihren Nutzern verpflichtet sein sollten. Im Idealfall sind die **Informationen unabhängig von den Einflüssen anderer Interessenvertreter.** Das ist anders als bei Werbung, Public Relations (PR) oder der direkten Information von Bürgern durch Politik oder Verwaltung. Ein zweiter wichtiger Unterschied: **Journalismus soll Unbekanntes aufdecken, wenn es für Entscheidungen der Bürger wichtig ist.** Journalisten haben die Aufgabe, Dinge herauszufinden, die für Bürger wichtig zu wissen sind, auch wenn andere (Politiker und Parteien, Unternehmer und Firmen, Interessenverbände oder die Verwaltung etc.) diese Informationen eigentlich nicht öffentlich machen wollten. Das Ziel ist, **dass Bürger in einer Demokratie möglichst alle verfügbaren Informationen kennen können**, um ihre Entscheidungen auf der Basis dieser Fakten treffen zu können.

Gesundheitsjournalismus soll Menschen so informieren, dass sie **Zusammenhänge rund um ihre Gesundheit und Krankheiten** verstehen. Dann können sie Entscheidungen für sich treffen. Die Grundlage dafür ist das, was durch wissenschaftliche Untersuchungen bekannt ist. Fachleute nennen das die Evidenz. Bei der Evidenzbasierten Medizin (EbM) werden Patienten auf Basis dessen untersucht und behandelt, was wissenschaftlich gesichert ist. Diese Grundlage sollte auch gelten, wenn Gesundheitsjournalisten ihre Nutzer informieren, siehe Abb. 1:

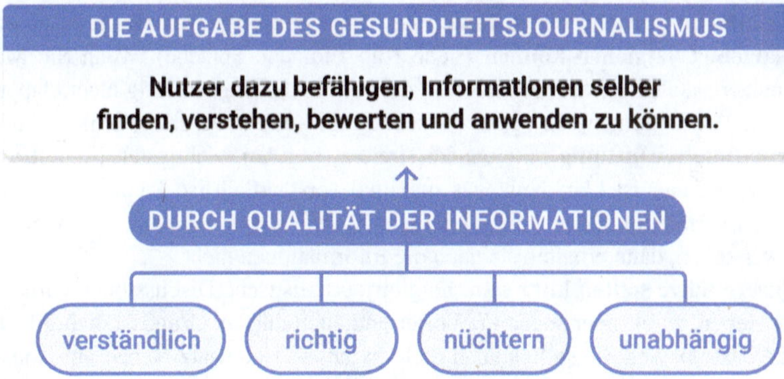

Abb. 1 Die Aufgabe des Gesundheitsjournalismus. (Eigene Darstellung)

Informationen zur Gesundheit müssen journalistisch besonders sorgfältig erarbeitet und angeboten werden. Entscheidungen für die eigene Gesundheit können weitreichende Folgen haben. Deshalb sollen die Informationen darüber, wie Krankheiten vorgebeugt werden kann (Prävention), wie Krankheiten erkannt werden können (Diagnose) und welche Möglichkeiten zur Behandlung es gibt (Therapie) verständlich, richtig und nüchtern präsentiert werden. Das soll dazu führen, dass die Nutzer die Informationen finden, verstehen, bewerten und anwenden können.

Weil Gesundheitsinformationen von Menschen falsch verstanden werden können, gelten besondere Regeln. Im Pressekodex gibt es deshalb eine eigene Regel nur für medizinische Berichte. Der Pressekodex ist kein Gesetz und kein Dokument einer Behörde. Er ist die Selbstverpflichtung von Medien, die verabreden, sich an wichtige Regeln zu halten. Diese Regeln stehen im Pressekodex. **Journalisten orientieren sich an dem, was im Pressekodex steht, als Grundlage für ihre Arbeit.**

„Bei Berichten über medizinische Themen ist eine unangemessen sensationelle Darstellung zu vermeiden, die unbegründete Befürchtungen oder Hoffnungen beim Leser erwecken könnte. Forschungsergebnisse, die sich in einem frühen Stadium befinden, sollten nicht als abgeschlossen oder nahezu abgeschlossen dargestellt werden.“
(Pressekodex, 2024: *Ziffer 14*)

2 Journalistisches Schreiben

Eigentlich sollten alle journalistischen Texte in Einfacher Sprache geschrieben sein. **Einfache Sprache bietet Texte, die Menschen ohne Vorwissen in einem Spezialgebiet verstehen können** (siehe Kap. Einfache Sprache). Wenn Sie Medien nutzen, stellen Sie aber schnell fest, dass das in der Praxis häufig nicht klappt.

Journalisten lernen in ihrer Ausbildung, dass **Verständlichkeit** und **Informationsvermittlung** miteinander streiten, was am wichtigsten ist. Für unsere Zwecke hier ist klar: Nur, was maximal verständlich ist, kann auch Informationen vermitteln. Denn wenn diejenigen, an die wir uns richten, unsere Sätze nicht verstehen, dann erhalten sie auch die Informationen nicht.

Unsere Sätze sollten kurz sein. Es gibt journalistische Diskussionen darüber, ob sie sieben, zwölf oder sogar 17 Wörter enthalten dürfen. Grundsätzlich gilt: Je kürzer, desto besser. Sie sollten auch nicht in langen Hauptsatz-Nebensatz-Konstruktionen immer weiter verlängert werden. **Die wichtige Information kommt in einen Hauptsatz.** Wenn es eine weitere Information gibt, die dazugehört und an dieser Stelle ergänzend stehen soll, dann kommt sie in den Nebensatz. Und dann wird es schon kompliziert: Damit der gesamte Text nicht eintönig klingt, weil er aus einer langen Folge kurzer Sätze besteht, sollen Journalisten abwechseln zwischen kurzen Hauptsätzen und etwas längeren, die eingestreut werden.

Verständlich wird es auch, wenn wir aktiv schreiben. Also lieber: „Der Wissenschaftler veröffentlicht die Ergebnisse seiner Forschungsarbeit“ als „Die Ergebnisse der Forschungsarbeit werden von dem Wissenschaftler veröffentlicht“.

Schließlich sparen wir uns Fremdwörter und Fachbegriffe. Wenn Menschen ohne Vorwissen in einem Spezialgebiet unsere Zielgruppe sind, dann dürfen Beitragsbemessungsgrenzen, Veranlagungsgrundsätze, Steuerprogression im Text nicht vorkommen. Wenn sie für einen Text notwendig sind, dann müssen sie eingeführt und erläutert werden. Falls es einen einfacheren Begriff gibt oder eine Umschreibung verständlicher ist, dann sollte man sie verwenden. Und in jedem Fall verwenden wir deutsche Begriffe statt Fremdwörter, die viele Menschen nicht kennen.

Es gibt Texte, für die ganz andere Regeln gelten: Literatur, Essays, wissenschaftliche Texte und viele andere. Im Journalismus geht es um Verständlichkeit. Und um Kürze. Jedenfalls in der Form von Journalismus, um die es hier geht. **Es gibt auch andere Formen von Journalismus:** Portraits, Reportagen, Interviews, in denen die Sprache der Gesprächspartner so wiedergegeben werden muss, wie diese auch tatsächlich sprechen.

In Kap. Einfache Sprache finden Sie mehr Informationen zu Prinzipien und Richtlinien der Einfachen Sprache. Sie können dort sehen, dass sie sich mit den Hinweisen decken, die wir Ihnen hier für journalistisches Schreiben geben.

3 Wie funktioniert Gesundheitsjournalismus praktisch?

Journalisten, die über medizinische Themen berichten, arbeiten in unterschiedlichen Redaktionen. Es gibt **Wissenschaftsjournalisten,** die vor allem über grundlegende Forschung an Universitäten und Forschungseinrichtungen berichten. Diese Arbeit kann mit Bezug zur praktischen Anwendung am Menschen stattfinden, häufig sind die Ergebnisse der Wissenschaftler davon aber noch weit entfernt. **Gesundheitsjournalisten** kümmern sich dagegen um Themen, die bei Prävention, Diagnose und Therapie eine Rolle spielen. Das kann mit Bezug zur Grundlagenforschung sein, es geht aber häufiger um Forschung direkt am Menschen und die Frage, wie die Ergebnisse praktisch angewandt werden. Themen sind deshalb häufig Untersuchungen zu neuen Diagnoseverfahren oder Therapiemöglichkeiten.

Fragen, die für **Menschen in unterschiedlichen Lebensphasen** praktische Bedeutung haben, setzen im Gesundheitsjournalismus die Themen, z. B.:

- Welche Impfungen benötigen Kinder?
- Was kann man tun, um möglichst lange gesund zu bleiben?
- Welche Früherkennungsuntersuchungen sind wann im Leben sinnvoll?

Daneben gibt es zahlreiche **aktuelle Anlässe,** die Fragen aufwerfen, auf die Nutzer Antworten erwarten, z. B.:

- Was bedeutet eine neu auftretende Infektionskrankheit für mich?
- Es gibt Berichte zu einer neuen Therapie, wie sind diese Informationen zu bewerten?
- Es ist Frühling/Sommer/Herbst/Winter, welche Umwelteinflüsse sind in dieser Jahreszeit für die Menschen wichtig?

Ein Großteil der Informationen, die im Gesundheitsjournalismus angeboten werden, sind aber für die meisten Menschen nicht genau dann interessant, wenn sie veröffentlicht werden, sondern dann, wenn aufgrund einer bestimmten Lebenssituation eine individuelle Aktualität entsteht, also z. B. bei der Diagnose einer Krankheit. Dann müssen gesundheitsjournalistische Angebote zur Verfügung stehen.

4 Quellen für Informationen

Im Journalismus gilt der Grundsatz, dass **eine** Quelle **keine** Quelle ist. Das soll heißen, dass eine Information, für die ein Journalist nur eine Quelle hat, so lange nicht weitergegeben werden darf, bis eine zweite, von der ersten Quelle unabhängige Quelle gefunden ist. Die Information könnte erfunden sein oder man hat sie falsch verstanden. **Nur, wenn Tatsachenbehauptungen anhand von mindestens zwei voneinander unabhängigen Quellen belegt werden können, darf eine Nachricht gedruckt, gesendet oder online gestellt werden.** (Es gibt Ausnahmen von dieser Regel, die sind aber selten und müssen gut begründet sein.)

Angewendet auf den Gesundheitsjournalismus bedeutet diese Regel unter anderem, dass gerade bei neuen Diagnose- und Therapieverfahren **besondere Vorsicht** geboten ist. Wenn ein Journalist z. B. von einem Wissenschaftler oder einem praktizierenden Arzt von einem neuen Diagnose- oder Therapieverfahren erfährt, dann sollte er dieses Verfahren so lange kritisch und als noch nicht für die Berichterstattung reif betrachten, wie er nicht mindestens einen zweiten Wissenschaftler oder Arzt findet, der ebenfalls von diesem neuen Diagnose- und Therapieverfahren überzeugt ist. Das wäre allerdings nur die Minimalanforderung, in der Praxis ist die Hürde noch deutlich höher.

In der Medizin wird neues Wissen geschaffen, indem Wissenschaftler Annahmen treffen (in der Wissenschaftssprache: Hypothesen aufstellen) und diese dann zu widerlegen versuchen, ob im Labor oder in der klinischen Praxis. Das können Annahmen über Versuche in Zellkulturen sein, bei denen z. B. als Medikamente in Frage kommende chemische Verbindungen im Labor untersucht werden oder es können nach bereits jahrelanger Forschung an solchen Stoffen klinische Studien an Patienten sein, die noch nicht zugelassene Medikamente einnehmen und bei denen untersucht wird, wie diese Medikamente im Vergleich zu bereits erprobten Wirkstoffen bei den Patienten wirken. Alles das dauert Jahre oder Jahrzehnte von der ersten Idee eines Wissenschaftlers oder einer Forschergruppe bis zu dem Zeitpunkt, an dem ein neues Diagnoseverfahren oder eine neue Therapie zum ersten Mal außerhalb von wissenschaftlichen Untersuchungen bei Patienten eingesetzt werden darf.

Weil nicht nur Journalisten ein System brauchen, das ihnen ein Gefühl dafür gibt, ob eine neue Idee berichtenswert ist oder nicht, sondern weil auch Wissenschaftler ein System brauchen, das ihnen dabei hilft, einzuschätzen, welche Ideen weiterverfolgt werden sollten und welche nicht, müssen Forscher ihre Ergebnisse veröffentlichen und sich der Kritik ihrer Kollegen aussetzen. Das tun sie bei Kongressen und in Zeitschriften. Um in einer Fachzeitschrift veröffentlichen zu können, müssen die Wissenschaftler ihre Ergebnisse zunächst Kollegen vorlegen, die sich mit dem Arbeitsgebiet auskennen, und die darüber entscheiden, ob die Ergebnisse veröffentlicht werden können oder nicht. Das ist der sogenannte Peer Review.

▶ **Wissenschaftliche Medizin** Neues Wissen entsteht in der Medizin, indem Wissenschaftler Annahmen treffen (Hypothesen bilden) und diese dann in Studien untersuchen. Die Ergebnisse müssen von Kollegen, die das Thema auch verstehen, beurteilt werden (Peer Review) und dann veröffentlicht werden, sodass andere Wissenschaftler sich damit beschäftigen und ihre eigenen Untersuchungen dazu anstellen können. Forschungsergebnisse, die nicht im Rahmen des in der Wissenschaft üblichen Arbeitens veröffentlicht worden sind, sollten Journalisten mit äußerster Vorsicht betrachten.

Dieses System können und müssen Journalisten sich zunutze machen, wenn sie darüber entscheiden sollen, welche Informationen aus dem Gesundheitsbereich berichtenswert sind und welche nicht. Gesundheitsjournalismus kann direkte Auswirkungen auf die Gesundheit der Menschen haben, die ihn konsumieren. Menschen setzen verängstigt ihre Medikamente ab, wenn sie in den Medien von möglichen Nebenwirkungen erfahren. Patienten trauen sich nicht, an einer Früherkennungsuntersuchung teilzunehmen, wenn Presseberichte über mögliche Gefahren berichten. Das heißt nicht, dass über Nebenwirkungen oder Risiken nicht berichtet werden sollte – ganz im Gegenteil, es muss darüber berichtet werden —, doch es kommt ganz erheblich darauf an, wie das geschieht. Und es kommt auch darauf an, dass Journalisten, die über Gesundheit berichten, mindestens in den Grundzügen verstanden haben, wie in der Medizin Wissen geschaffen und überprüft wird.

Guter Gesundheitsjournalismus ist selten sensationell, häufig nicht besonders emotional und meist wenig überraschend. Er widerspricht damit den auch in Redaktionen zurecht gelehrten Regeln für gut gemachten sonstigen Journalismus:

Wenn Journalisten wollen, dass ihre Geschichten ein möglichst interessiertes, großes Publikum finden, dann erzählen sie sie anhand von Menschen, die Emotionen bei den Nutzern hervorrufen, und natürlich bieten gute Geschichten überraschende Neuigkeiten oder Wendungen.

Verantwortungsvoller Gesundheitsjournalismus berichtet stattdessen sehr lange Zeit überhaupt nicht über kommende Neuerungen in der Medizin. Wobei das nicht ganz stimmt: Der Wissenschaftsjournalismus (man kann sich darüber streiten, wo die Grenze zwischen Wissenschafts- und Gesundheitsjournalismus verläuft) berichtet auf den hinteren Zeitungsseiten, in den Tiefen des Internets und am frühen Morgen oder späten Abend im Hörfunk bereits von den frühen Stadien der Hypothesenüberprüfung in Laboren und Kliniken. Das ist allerdings für die meisten Menschen mäßig spannend und, wenn es richtig gemacht wird, immer mit dem Hinweis versehen, dass die Studienergebnisse noch keinerlei Bedeutung für die klinische Praxis haben. Gesundheitsjournalisten sollten fast immer erst dann berichten, wenn neue Diagnose- oder Therapiemethoden wirklich reif für den Einsatz bei der breiten Masse der Menschen sind. Und selbst dann ist noch Vorsicht geboten.

Biodegradable Stents

Ein Beispiel aus der Praxis der Apotheken Umschau ist der Umgang der Redaktion mit neuen, biologisch abbaubaren Drahtnetzen zum Offenhalten von Herzgefäßen, so genannten Stents. Die Apotheken Umschau ist dafür bekannt, dass sie neue Trends in der Medizin häufig sehr lange ignoriert, weil die Redaktion Wert darauf legt, dass es bei neuen Diagnose- oder Therapieverfahren Erfahrungen an sehr vielen Patienten gibt, bevor das Magazin darüber berichtet. Bei den biologisch abbaubaren Stents hatte die Redaktion mehr als fünf Jahre nach der Zulassung Bedenken, dass es noch keine ausreichenden Studienergebnisse gibt, die eine allgemeine Empfehlung für die biologisch abbaubaren Stents rechtfertigen würden. Noch bevor die Redaktion das erste Mal in einem Ratgeber zu Eingriffen bei verschlossenen Herzgefäßen darüber hätte berichten können, legten Wissenschaftler Forschungsergebnisse vor, die zeigten, dass die biologisch abbaubaren Stents gegenüber herkömmlichen Drahtnetzen Nachteile haben.

Gesundheitsjournalisten recherchieren ihre Themen einerseits praktisch anhand der Fragen von Patienten, im Gespräch mit diesen und ihren Ärzten. Andererseits müssen sie die Grundlagen ihrer Recherchen im wissenschaftlich erarbeiteten Wissen suchen. Sie lesen also selbst die veröffentlichten Untersuchungsberichte und sprechen mit den Wissenschaftlern, die diese Studien verfasst haben. Außerdem müssen die Journalisten mit weiteren Forschern und Ärzten sprechen, die sich im Fachgebiet auskennen, an den Studien nicht selbst beteiligt gewesen sind und ihre Einschätzung zu dem geben, was die Journalisten bei der Recherche gefunden haben.

Wenn neues Wissen entsteht, dann gibt es auf den ersten Blick häufig nur eine Quelle, z. B. für eine neue Methode. Entweder, das ist tatsächlich so, dann ist es mit großer Sicherheit noch nicht an der Zeit, über dieses neue Verfahren zu berichten. Oder aber, und das ist wahrscheinlicher, man hat noch nicht lange genug recherchiert und andere Wissenschaftler oder Ärzte noch nicht gefunden, die sich ebenfalls – aber unabhängig von denjenigen, die ihre Ergebnisse als erste vorgestellt haben – mit diesem Thema beschäftigen.

Wozu diese Vorsicht? Journalismus ist zunächst die Darstellung dessen, was allgemein gültig ist. Das ist auch im Gesundheitsjournalismus so: Wenn im Herbst und Winter auf der Nordhalbkugel der Erde die Wahrscheinlichkeit steigt, sich mit dem Grippevirus anzustecken, dann ist das erst einmal für alle Menschen gleichermaßen so. Allerdings ist die Frage, wie wichtig diese Information für den einzelnen Nutzer ist, sehr unterschiedlich zu beantworten. Junge, gesunde Menschen müssen sich über eine mögliche Grippeinfektion keine großen Sorgen machen. Ältere, an verschiedenen Grunderkrankungen leidende Menschen dagegen sehr wohl, weil ihr Risiko steigt. Inwiefern die Menschen in der Lage sind, für sich einzuschätzen, was sie aus zur Verfügung gestellten Gesundheitsinformationen machen, darüber entscheidet die Gesundheitskompetenz, in der Fachsprache „Health Literacy“ genannt.

5 Gesundheitskompetenz (Health Literacy)

Seit etwa einem Jahrzehnt gibt es wissenschaftliche Informationen dazu, wie gesundheitskompetent die Menschen in Deutschland sind. Gemeint ist damit die Fähigkeit, Informationen rund um die eigene Gesundheit zu finden, zu verstehen, zu beurteilen und anwenden zu können. Aktuelle Daten stammen unter anderem aus einer Untersuchung aus dem Jahr 2021 (siehe Abb. 2, 3, und 4).

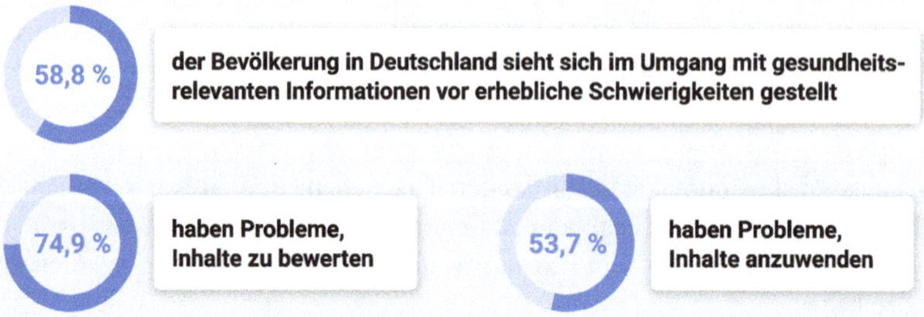

Abb. 2 Die Ausmaße geringer Gesundheitskompetenz in Deutschland. (Eigene Darstellung aus Schaeffer et al., 2021)

Abb. 3 Häufige Faktoren für geringe Gesundheitskompetenz. (Eigene Darstellung aus Schaeffer et al., 2021)

Abb. 4 Folgen der geringen Gesundheitskompetenz für betroffene Menschen. (Eigene Darstellung aus Schaeffer et al., 2021)

Die wichtigsten Aussagen zur Gesundheitskompetenz (Schaeffer et al., 2021)

- Mehr als die Hälfte der Bevölkerung in Deutschland (58,8 %) sieht sich im Umgang mit gesundheitsrelevanten Informationen vor erhebliche Schwierigkeiten gestellt.
- Wer über eine geringe Gesundheitskompetenz verfügt, wird häufiger ins Krankenhaus eingewiesen, nimmt öfter den ärztlichen Notfalldienst in Anspruch, bewegt sich weniger, ernährt sich schlechter und raucht häufiger.
- Vor allem die Beurteilung von gefundenen Inhalten (74,9 %) und das Anwenden der gefundenen Inhalte (53,7 %) bereiten der Bevölkerung in Deutschland Probleme.
- Menschen mit niedriger Bildung (78,3 %), niedrigem Sozialstatus (71,9 %) und höherem Alter (65,1 %) zeigen eine geringe Gesundheitskompetenz.

Eine Untersuchung aus dem Jahr 2024 legt nahe, dass sich dieser Trend in den vergangenen Jahren noch verstärkt hat und mittlerweile ca. 75 % der Menschen ausgeprägte Schwierigkeiten im Umgang mit Gesundheitsinformationen haben. Ein überraschendes Ergebnis: Je jünger die Befragten der Studie waren, desto schlechter schätzten sie ihre eigene Gesundheitskompetenz ein. Die Studie finden Sie in den ***Literaturangaben*** am Ende des Kapitels.

Diese Zahlen verdeutlichen, weshalb es besonders wichtig ist, im Gesundheitsjournalismus die Chance zu erhöhen, dass Menschen die Angebote tatsächlich nutzen können. **Journalisten können, wenn sie umsichtig vorgehen, einen Beitrag dazu leisten, dass Menschen in Deutschland sich künftig leichter tun, Gesundheitsinformationen zu finden, zu verstehen, zu beurteilen und anzuwenden.** Dabei ist es keine Frage, dass das nicht alleine und auch nicht zuvorderst die Aufgabe von Journalisten ist; wenn Journalisten diese Aufgabe aber annehmen, dann tun sie sehr viel dafür, dass ihre journalistischen Angebote für die Menschen umso attraktiver werden.

6 Die Präsentation im Gesundheitsjournalismus

Grundsätzlich müssen im Gesundheitsjournalismus beim nachrichtlichen Berichten über Neuigkeiten (Nachrichten) die sogenannten **journalistischen W-Fragen** beantwortet werden. **Wer** ist von etwas betroffen? **Was** ist **wann** und **wo** und **wie** passiert? **Warum** ist etwas geschehen (und warum ist das wichtig)? Und **woher** stammen die Informationen?

Wenn es tatsächlich um eine **Nachricht** geht, dann gilt auch im Gesundheitsjournalismus: **Das Wichtigste wird zuerst beschrieben, je länger der Text wird, desto unwichtiger ist die Information.** Die Darstellung sollte so **objektiv** wie nur möglich sein, **keine subjektiven Wertungen** enthalten, und **Quellen** für aufgestellte Behauptungen müssen benannt werden. Und ein nachrichtlicher Text ist immer **so kurz wie möglich.**

Immer gilt das, was oben bereits u. a. anhand der Ziffer 14 aus dem **Pressekodex des Deutschen Presserats** unterstrichen worden ist: Sensationelle, übertriebene und übertrieben emotionalisierende Darstellung von Gesundheitsinformationen ist fast immer falsch. Das gilt zum Beispiel für das Herausgreifen von besonders einprägsamen, aber selten zu verallgemeinernden Erfahrungen einzelner Menschen. Man kann z. B. Patienten mit ihrer persönlichen Krankheitsgeschichte im Gesundheitsjournalismus auftreten lassen (und z. B. in Video- und Audioformaten ist das fast zwingend notwendig), man muss diese Personen und ihre Krankheitsgeschichte dann aber besonders sorgsam recherchieren und einordnen, damit der Einzelne tatsächlich für alle Nutzer sinnvoll stehen kann.

In vielen Fällen geht es im Gesundheitsjournalismus aber um etwas anderes als um eine trockene Nachricht oder eine Patientengeschichte. Wie schon beschrieben, werden viele Texte z. B. im Internetangebot der Apotheken Umschau (www.apotheken-umschau.de) dann für Menschen aktuell, wenn sie selbst von einer Diagnose betroffen sind. Gesundheitsjournalisten produzieren deshalb in allen Mediengattungen besonders viele Ratgeber-Inhalte. Im Folgenden soll ein **thematisches Beispiel der Apotheken Umschau** veranschaulichen, **weshalb gerade im Gesundheitsjournalismus der Einsatz von Einfacher Sprache sehr viel leisten kann,** um das journalistische Angebot für alle Nutzer besser zu machen.

Das Internetangebot der Apotheken Umschau informiert über mehrere Dutzend Krankheiten in ausführlichen Ratgebern. Die Texte sind ursprünglich alle nach journalistischen Kriterien, aber ohne Berücksichtigung der Regeln für Einfache Sprache, von der Redaktion erstellt worden. Neben dem Anspruch, einen Überblick über das jeweilige Krankheitsbild zu geben, galt immer auch der Anspruch, das evidenzbasiert gesicherte Wissen möglichst umfassend darzustellen. Ziel war es, für betroffene Patienten und deren Angehörige möglichst alles Wichtige zu einer Krankheit zu vermitteln. Das ging bis zur Beschäftigung der Redaktion mit dem Thema Einfache Sprache an vielen Stellen zu Lasten der Verständlichkeit. Am Beispiel des Original-Ratgebers zum Thema Blasenkrebs (medizinisch: Harnblasenkarzinom) und des neu entstandenen Texts zum selben Thema in Einfacher Sprache lässt sich gut erkennen, was ein Gesundheitsinformationsangebot in Einfacher Sprache für die Verständlichkeit leisten kann. In Tab. 1 sehen Sie die beiden Versionen gegenübergestellt.

Tab. 1 Ausgangstext und Übersetzung zum Thema Blasenkrebs gegenübergestellt (linke Spalte: Apotheken Umschau 2018a, rechte Spalte: Apotheken Umschau 2024a)

Original-Textauszug:	Einfache Sprache-Textauszug:
Harnblasenkrebs (Harnblasenkarzinom) tritt vorwiegend im höheren Lebensalter auf. Zum Zeitpunkt der Diagnosestellung sind Männer durchschnittlich 73 Jahre, Frauen 77 Jahre alt. Harnblasenkrebs betrifft Männer häufiger als Frauen. Im Jahr 2014 erkrankten laut des Zentrums für Krebsregisterdaten in Deutschland 11.678 Männer und 4.174 Frauen neu daran. Meistens geht der Tumor von der Blasenschleimhaut (Urothel) aus. Grundsätzlich sind bösartige Geschwülste der ableitenden Harnwege wie Harnleiter, Harnröhre, Nierenbecken und Blase im Vergleich zu anderen Krebsarten eher selten. In Deutschland erkranken jedes Jahr zirka 16.000 Menschen an Blasenkrebs. Unter ihnen befinden sich häufig Raucher.	Die Blase ist ein wichtiges Organ im unteren Bauch. In der Blase sammelt sich der Urin. Ist viel Urin in der Blase? Dann macht sich dies bemerkbar: Man muss Wasserlassen und den Urin ausscheiden. Bei Blasenkrebs wächst ein Tumor in der Blase. **Info Zellteilung:** Der menschliche Körper besteht aus sehr vielen Zellen. Die Zellen vermehren sich. Die Zellen können sich nämlich teilen. Das nennt man auch: Zellteilung. Die Zellteilung ist wichtig für den Körper. Durch die Zellteilung kann sich nämlich das Gewebe im Körper erneuern. Solches Gewebe ist zum Beispiel die Haut. Manchmal teilen sich die Zellen unkontrolliert. Dann entstehen vielleicht zu viele neue Zellen. Dazu sagt man auch: **Tumor.** Nicht jeder Tumor ist bösartig. Aber ein Tumor verdrängt meist gesundes Gewebe. Ein Tumor kann an verschiedenen Stellen im Körper wachsen. Bei Blasenkrebs wächst der Tumor in der Blase. Von Blasenkrebs sind fast nur Menschen über 70 Jahren betroffen. Jüngere Menschen bekommen sehr selten Blasenkrebs. Männer erkranken häufiger an Blasenkrebs als Frauen.

Dieses praktische Beispiel verdeutlicht, zu welch unterschiedlichen Ergebnissen die Herangehensweise von Gesundheitsjournalisten führt, wenn sie die Verständlichkeit der Informationen für ihre Nutzer als oberste Maßgabe beim Erstellen von Inhalten im Kopf haben – oder eben nicht.

7 Das können Sie vom Gesundheitsjournalismus lernen

Sie haben sich jetzt durch viel Text darüber gekämpft, wie Journalismus im Allgemeinen und Gesundheitsjournalismus im Speziellen funktionieren. Und was bringt Ihnen das, wenn Sie Texte in Einfacher Sprache mithilfe von Künstlicher Intelligenz erstellen wollen? Wenn Sie die für Sie wichtigen Punkte übertragen, dann kann es eine ganze Menge sein.

Die wichtigsten Lehren aus dem Journalismus für Ihr Projekt.

Beim **Schreiben und Übersetzen in Einfache Sprache** gilt:

- **Kürze schafft Verständlichkeit.**
- Menschen verstehen **aktive Sprache** besser als passive Sprache.
- Die **wichtigsten Informationen** kommen **zuerst.**
- Unwichtige Informationen lassen Sie weg.
- **Deutsche Begriffe aus der Alltagssprache** verstehen Menschen besser als Fremdwörter.

Mehr Informationen hierzu finden Sie im Kap. Einfache Sprache.

Für Ihre **Informationen** gilt:

- **Prüfen Sie Ihre Fakten.**
- Nennen Sie **Quellen** für Ihre Tatsachenbehauptungen.
- Geben Sie die Informationen, um die es bei Ihrem Thema tatsächlich geht.
- **Lassen Sie Nebensächlichkeiten weg.**
- Wenn eine Information unsicher ist, sollten Sie sie streichen.

Was speziell beim Übersetzen von Alltagstexten in Einfache Sprache mithilfe von **Künstlicher Intelligenz** wichtig ist:

- Sie müssen Ihre Texte für die Übersetzung vermutlich **vorbereiten.** Dabei helfen Ihnen die Regeln zum journalistischen Schreiben.
- Sie müssen die mithilfe der Künstlichen Intelligenz in Einfache Sprache übersetzten Texte in jedem Fall **nachbearbeiten.** Dabei geht es vor allem darum,

dass alle Aussagen noch richtig sind. Sie prüfen also die Fakten. Dabei helfen Ihnen die journalistischen Regeln zum Umgang mit Quellen.

Mehr dazu finden Sie in den Kap. Recht und Gesellschaft und Redaktionsprozesse.

8 Wie ein verständlicher Text entsteht

Im Idealfall ist die erste Frage, die ein Journalist sich stellt, bevor er mit einem Text beginnt: **Für wen schreibe ich diesen Text?** Gefolgt von dem Versuch, die journalistischen W-Fragen zu beantworten, zu denen auch gehört, warum eine Information, eine Nachricht, eine Geschichte für die Nutzer relevant ist.

Praktisch ist es wie immer komplexer. Medien füllen einen Teil ihres Angebots mit Nachrichten, also Informationen über Dinge, die passiert sind, die neu sind, die von Menschen getan wurden etc. Die meisten Medien kommentieren diese Ereignisse außerdem. Der überwiegende Teil der meisten Medien (ob gedruckt, gesendet oder im Internet verfügbar gemacht) setzt sich aber aus weiteren Darstellungsformen zusammen: Berichten, Features, Reportagen, Portraits, Interviews, Dossiers etc. Und bei diesen Darstellungsformen, zu denen auch der Ratgeber im Gesundheitsjournalismus gehört, ist häufig weniger klar, ob alle Journalisten sich vor dem Schreiben ausreichend mit der Frage beschäftigen, für wen sie genau diesen Text schreiben. Und was das für die Verständlichkeit bedeutet.

Im Gesundheitsjournalismus ist nach den Forschungsarbeiten von Doris Schaeffer und ihren Kollegen an der Universität Bielefeld mittlerweile immerhin bekannt, welche Schwierigkeiten Menschen in Deutschland haben, die ihnen angebotenen Informationen **zu finden, zu verstehen, zu bewerten und sie anzuwenden.** Auch, wenn Studien wie zur **Gesundheitskompetenz (Health Literacy)** für andere Bereiche nicht vorliegen – zum Beispiel dazu, wie viel der Banken-, Börsen- und Anlageberichterstattung des Wirtschaftsjournalismus die Menschen in Deutschland verstehen —, so dürfte die Schlussfolgerung im Zusammenhang mit Angeboten in Einfacher Sprache eindeutig sein: Jedes journalistische Angebot profitiert grundsätzlich davon, wenn Journalisten ein grundlegendes Verständnis davon haben, was Einfache Sprache ist, wie und warum die Regeln für dieses Angebot sich zusammensetzen und wie man in einfachen Schritten diese Regeln beim eigenen Arbeiten berücksichtigen kann.

Ein häufiges Problem im Gesundheitsjournalismus – das aber mutmaßlich auch auf andere Themengebiete übertragen werden kann – ist, dass viele Journalisten beim Schreiben gerade nicht die Nutzer ihrer Medien im Kopf haben. Stattdessen dominieren ganz andere Menschen die Gedanken, die das Ergebnis der journalistischen Arbeit ebenfalls beurteilen werden: der Ressortleiter, der Chefredakteur, der zum Thema befragte Experte (der im Beitrag auch auftritt und vielleicht ein Zitat geliefert hat), die Kollegen bei anderen Medien. Alle diese Mitnutzer verführen erfahrungsgemäß dazu, verdeutlichen zu wollen, wie gut man sich bei einem Thema auskennt, welche Aspekte man noch in einem Text unterbringt und mit welchen möglicherweise versteckten Hinweisen man noch glänzen kann. Doch all das läuft typischerweise der Verständlichkeit für Laien zuwider. Und halten Sie sich vor Augen: Fast alle Ihre Nutzer sind fachliche Laien auf dem jeweiligen Gebiet!

9 Praktische Fragen an einen gesundheitsjournalistischen Text

Wissenschafts-, Medizin- und Gesundheitsjournalisten machen sich seit Langem Gedanken darüber, was sie sowohl ihren Kollegen (und zum Beispiel Volontären, also Auszubildenden im Journalismus) und Lesern raten, welche Kriterien sie an einen journalistischen Text zu Gesundheitsthemen anlegen sollen.

Am Lehrstuhl Wissenschaftsjournalismus am Institut für Journalistik der Technischen Universität Dortmund ist unter der Leitung von Professor Holger Wormer daraus der „Medien-Doktor Gesundheit" entstanden, der seit knapp 15 Jahren die Idee einer Bewertung gesundheitsjournalistischer Angebote anhand eines einfachen Kriterienkatalogs aus Australien für Deutschland adaptiert.

Medien-Doktor Gesundheit
Kriterien für Journalisten, um gesundheitsjournalistische Informationen möglichst sorgfältig aufzubereiten.

1. Positive Effekte (Nutzen): Wie ist der mögliche Nutzen einer Therapie/eines Tests/eines Produkts oder eines Verfahrens dargestellt?
2. Risiken und Nebenwirkungen: Werden bzw. wie werden Risiken und Nebenwirkungen dargestellt?
3. Verfügbarkeit: Ist eine Therapie oder Test/Produkt/Verfahren verfügbar?
4. Alternativen: Werden Alternativen zur vorgestellten Therapie/Test/Produkt/Verfahren erwähnt?
5. Kosten: Werden Kosten in der Geschichte angesprochen?
6. Krankheitsübertreibung/-erfindung: Gibt es Anzeichen für Krankheitsübertreibungen/-erfindungen („Disease mongering")?

7. Belege/Evidenz: Versucht die Geschichte, die Qualität der Belege einzuordnen?
8. Experten/Quellentransparenz: Gibt es eine weitere, möglichst unabhängige Quelle?
9. Interessenkonflikte: Liegen bei den im Beitrag angeführten Personen (insbesondere finanzielle) Interessenkonflikte vor?
10. Einordnung in den Kontext: Werden Aspekte wie etwa Neuheit oder Ethik im Beitrag angesprochen und eingeordnet?
11. Faktentreue: Gibt der Beitrag die wesentlichen Fakten richtig wieder?
12. Journalistische Eigenleistung (mehr als Pressematerial): Geht der Beitrag über das Pressematerial hinaus?
13. Attraktivität der Darstellung: Gelingt es im Beitrag, ein Thema durch eine attraktive Darstellung zu vermitteln?
14. Verständlichkeit: Ist der Beitrag für Laienpublikum verständlich?
15. Themenauswahl: Ist das Thema aktuell, relevant oder originell?

Der Aufgabe des Medien-Doktor Gesundheit ist geschuldet, dass die allgemeinjournalistischen Kriterien (13–15) am Schluss stehen.
(Medien-Doktor: 2020).

Auf der Website des Medien-Doktor Gesundheit sind neben weiteren Informationen zum Projekt auch die bewerteten journalistischen Inhalte samt ausführlichen Informationen aus den Gutachten zu den bewerteten Angeboten abrufbar: medien-doktor.de. Bitte beachten Sie: Der Wort & Bild Verlag, in dem die Apotheken Umschau erscheint, gehört zu den finanziellen Unterstützern des Medien-Doktor Gesundheit an der TU Dortmund.

Mittlerweile gibt es vergleichbare Angebote auch zu Ernährung und Umwelt.

Eine praktische Übung für Sie zu Beginn Ihres Projekts könnte lauten: Stellen Sie Ihre Kriterien für Ihre Informationen auf, die erfüllt sein müssen, damit Ihre Inhalte gewissenhaft, richtig und verständlich aufbereitet sind. Das müssen keine 15 Kriterien sein und sie können abweichen von dem, was speziell für den Gesundheitsjournalismus gilt. **Entscheidend ist, dass Sie sich mit der Frage beschäftigen, wie Sie nach dem Abschluss Ihrer Arbeit beurteilen können, ob Sie erfolgreich waren.**

10 Der praktische Weg zu Inhalten in Einfacher Sprache

In vielen Fällen steht die Frage, wie Inhalte in Einfacher Sprache angeboten werden können, nicht am Anfang. So, wie es bei der Apotheken Umschau der Fall war und noch ist, sollen häufig bereits vorhandene Inhalte in Einfache Sprache übersetzt werden. Neben den praktischen Hinweisen, wie das unter anderem mit Hilfe von Künstlicher Intelligenz geschehen kann, soll es um die **redaktionellen Prozesse** gehen, die notwendig sind, um ein sinnvolles Angebot in Einfacher Sprache entstehen zu lassen. Das Vorgehen lässt sich von der Redaktion auch auf andere Anwendungsfälle, z. B. in der Unternehmenskommunikation bzw. in Pressestellen öffentlicher Einrichtungen, übernehmen. Einen detaillierten Einblick in die einzelnen Schritte bietet das Kap. Redaktionsprozesse.

Die wichtigste Botschaft ist: **Dass wir uns heute darum kümmern, wie wir bereits vorhandene Inhalte auch in Einfacher Sprache anbieten können, ist weder eine Kritik an der Arbeit unserer Kollegen bisher noch ein Urteil über unsere Nutzer.**

Damit werden Dinge thematisiert, die häufig unausgesprochen im Raum stehen und für Ärger und Schwierigkeiten sorgen können. Wir gehen grundsätzlich davon aus, dass unsere Kollegen in der Vergangenheit alles dafür getan haben, in der jeweiligen Situation das journalistisch beste Angebot für unsere Nutzer zu erstellen. **Allerdings wandelt sich die Situation, in der Menschen unsere Angebote nutzen.** Und wir wissen heute mehr über unsere Nutzer. Dass wir den Menschen in jedem Fall ein Angebot in Einfacher Sprache machen wollen – und das nicht erst, seitdem es in bestimmten Bereichen auch eine Verpflichtung dazu gibt – ergibt sich aus der wissenschaftlich fundierten Erkenntnis, dass die ganz überwiegende Mehrheit der Menschen große Schwierigkeiten damit hat, Informationen zu finden, zu verstehen, zu bewerten und anzuwenden. Das zwingt uns dazu, immer nach der maximalen Verständlichkeit zu streben, ohne die journalistische Attraktivität hintanzustellen.

Im redaktionellen Alltag ist die Zusammenarbeit von Journalisten mit Experten für Einfache Sprache zwingend. **Zur journalistischen Ausbildung und zum journalistischen Alltag gehört heute die Expertise für Einfache Sprache nicht dazu.** Es wird vermutlich Jahrzehnte dauern, bis sich das ändert, falls es überhaupt passieren wird. In der Redaktion der Apotheken Umschau haben wir deshalb den Weg gewählt, Experten für Einfache Sprache in die Redaktion zu integrieren und Schnittstellen zu schaffen, sodass Journalisten und Experten für Einfache Sprache zusammenarbeiten. Dabei gibt es einen steten, aber langsamen Prozess des Kompetenzaufbaus zur Einfachen Sprache auch im Rest der Redaktion. Wer die Option der Integration von Experten in die Redaktion nicht hat, bei dem ist natürlich auch die Zusammenarbeit mit externen Experten sinnvoll und möglich – auch das tun wir in der Redaktion der Apotheken Umschau z. B. im Projekt zur Einfachen Sprache mithilfe Künstlicher Intelligenz.

Am Beginn der praktischen Umsetzung steht eine Analyse des bisherigen Angebots für die Nutzer und eine klare Fokussierung darauf, welche Informationen unbedingt und schnellstmöglich auch in Einfacher Sprache zur Verfügung stehen sollen. Falls möglich, ist es tatsächlich sinnvoll, dass die Autoren der Ausgangstexte den Experten für Einfache Sprache zur Verfügung stehen. Sie können zwar das Angebot in Einfacher Sprache nicht selbst erstellen, können aber eine große Hilfe an den Stellen sein, an denen es um Richtigkeit im Detail bei größerer Verständlichkeit geht.

Je weiter fortgeschritten in der Organisation die Beschäftigung mit Einfacher Sprache ist, desto mehr kann man sich damit auseinandersetzen, wie bei neu entstehenden Angeboten Regeln für Einfache Sprache grundsätzlich berücksichtigt werden bzw. parallel Angebote im klassischen journalistischen Stil und in Einfacher Sprache entstehen.

11 Fazit

Im Gesundheitsjournalismus wird auf eine ganz spezielle Art gearbeitet. Wenn man sich mit den besonderen Anforderungen an journalistische Texte beschäftigt, dann kann man vom journalistischen Handwerk etwas lernen für die Beschäftigung mit eigenen Texten in ganz anderen Umgebungen. Wer sich dieselben Fragen stellt wie ein Journalist, wenn er einen Text für eine Firmenbroschüre, eine Behördenwebsite oder etwas Ähnliches schreiben soll, der kann mit einfachen Fragen an den eigenen Text verständlichere Ergebnisse liefern. Und wer bereits bestehende Texte mithilfe von Künstlicher Intelligenz in Einfache Sprache übersetzen soll, der kann sich mit dem Wissen, wie Journalisten in Redaktionen arbeiten, einen Weg für die eigene Aufgabe erarbeiten.

Literatur

Apotheken Umschau. (2018a). Blasenkrebs (Harnblasenkarzinom). https://www.apotheken-umschau.de/krankheiten-symptome/krebs/blasenkrebs-harnblasenkarzinom-735511.html. Zugegriffen: 27. Jan. 2025.

Apotheken Umschau (2024a): Blasenkrebs. https://www.apotheken-umschau.de/einfache-sprache/krankheiten/blasenkrebs-768151.html. Zugegriffen: 27. Jan. 2024.

Kolpatzik, K., Bollweg, T., Fretian, A., & Okan, O. (2025). Gesundheitskompetenz in Deutschland 2024. Ergebnisbericht. Technische Universität München. School of Medicine and Health. Department of Health and Sport Sciences. WHO Collaborating Center for Health Literacy. München. https://doi.org/10.14459/2025md1772956.

Medien-Doktor. (o. J.). Medizin- und wissenschaftsjournalistische Kriterien. Medien-Doktor Gesundheit. https://medien-doktor.de/gesundheit/die-kriterien/. Zugegriffen: 27. Jan. 2025.

Pressekodex. (2024). Ethische Standards für den Journalismus, Fassung vom 18. September 2024. https://www.presserat.de/pressekodex.html. Zugegriffem: 27. Jan. 2025.

Schaeffer, D., Berens, E.-M., Gille, S., Griese, L., Klinger, J., de Sombre, S., Vogt, D., & Hurrelmann, K. (2021). Gesundheitskompetenz der Bevölkerung in Deutschland –vor und während der Corona Pandemie: Ergebnisse des HLS-GER 2. Bielefeld: Interdisziplinäres Zentrum für Gesundheitskompetenzforschung (IZGK), Universität Bielefeld. https://pub.uni-bielefeld.de/record/2950305. Zugegriffen: 27. Jan. 2025.

Wykrzykowska, J. J., Kraak, R. P., Hofma, S. H., van der Schaaf, R. J., Arkenbout, E. K., IJsselmuiden, A. J., ... & Henriques, J. P. (2017). Bioresorbable scaffolds versus metallic stents in routine PCI. *New England Journal of Medicine*, *376*(24), 2319–2328. https://www.nejm.org/doi/full/10.1056/NEJMoa1614954. Zugegriffen: 27. Jan. 2025.

Weiterführende Literatur

Stiftung Universität Hildesheim. (2025). KI-GesKom. https://www.uni-hildesheim.de/leichtesprache/forschung-und-projekte/projekte/ki-geskom/. Zugegriffen: 6. Apr. 2025.

Wormer, H., & Anhäuser, M. (2014). „Gute Besserung!" – und wie man diese erreichen könnte. Erfahrungen aus drei Jahren Qualitätsmonitoring Medizinjournalismus auf medien-doktor.de und Konsequenzen für die journalistische Praxis, Ausbildung sowie Wissenschafts-PR. In V. Lilienthal, D. Reineck, & T. Schnedler (Hrsg.), *Qualität im Gesundheitsjournalismus*. Springer VS. https://doi.org/10.1007/978-3-658-02427-7_2.

Dennis Ballwieser ist seit Juni 2015 als Geschäftsführer der Wort & Bild Verlagsgruppe für alle redaktionellen Bereiche verantwortlich. Neben seiner Funktion als Geschäftsführer ist er seit 2020 Mitglied der Chefredaktion, die für die Apotheken Umschau sowie die weiteren Medien-Marken Diabetes Ratgeber, Senioren Ratgeber und ELTERN, verantwortlich ist. Nach seiner Redakteursausbildung an der Deutschen Journalistenschule in München und dem Medizinstudium an der Ludwig-Maximilians-Universität München arbeitete er als Arzt in der Klinik für Anaesthesiologie am LMU Klinikum. Journalistisch war er für Spiegel, Süddeutsche Zeitung, den Bayerischen Rundfunk und andere tätig.

Künstliche Intelligenz: Wie funktioniert KI für Einfache Sprache?

Miriam Anschütz, Silvana Deilen und Ekaterina Lapshinova-Koltunski

Zusammenfassung

In diesem Kapitel wird beschrieben, wie KI für Einfache Sprache funktioniert. Hierbei wird zunächst die grundlegende Funktionsweise von großen Sprachmodellen erklärt, also erläutert, wie genau ein Einfache-Sprache-Text überhaupt generiert wird. Wir zeigen auf, welche Arten der Textvereinfachung es gibt und welches Modell bzw. welche Art von KI für welche Aufgabe geeignet ist. Zudem veranschaulichen wir, wovon die Qualität des generierten Textes abhängig ist und mit welchen Strategien Sie die Ausgabe vorher und nachher verbessern können. Im letzten Teil des Kapitels stellen wir noch bestehende Herausforderungen vor und gehen auf derzeitige Probleme und Schwachstellen ein, die es bei der Arbeit mit KI zu berücksichtigen gilt.

M. Anschütz (✉)
Technische Universität München, München, Deutschland
E-Mail: miriam.anschuetz@tum.de

S. Deilen · E. Lapshinova-Koltunski
Universität Hildesheim, Hildesheim, Deutschland
E-Mail: deilen@uni-hildesheim.de

E. Lapshinova-Koltunski
E-Mail: lapshinovakoltun@uni-hildesheim.de

C. Maaß et al. (Hrsg.), *Einfache Sprache mit KI-Tools*,
https://doi.org/10.1007/978-3-658-47867-4_5

1 Grundlegende Funktionsweise von Sprachmodellen

▶ Sprachmodelle werden mit großen Textmengen (sog. Korpora) aus dem Internet trainiert.

Die Modelle „lernen" also von den Texten, die es im Internet gibt. Diese vortrainierten Sprachmodelle werden auch als **Large Language Models** bezeichnet, wobei häufig auch nur die Abkürzung **LLMs** verwendet wird. Bei dem Training mit den großen Datenmengen lernen die Sprachmodelle, welche Wörter und Wortkombinationen wie häufig zusammen vorkommen. Das Modell erkennt also Wahrscheinlichkeiten für Wortkombinationen basierend auf den Mustern in den Trainingsdaten. Diese Kombinationen betrachten nicht nur die direkten Nachbarn, sondern können sich auch über den ganzen Satz erstrecken.

Gibt man dem Sprachmodell eine bestimmte Aufgabe, wie beispielsweise eine Übersetzung, dann erzeugt das Sprachmodell einen Text. Diesen Prozess nennt man auch **Texte generieren**. Während menschliche Übersetzer einen Text eher holistisch, also als großes Ganzes betrachten und nicht Wort für Wort übersetzen, vervollständigen Sprachmodelle einen Text Schritt für Schritt, also meistens ein Wort nach dem anderen. Ein Beispiel hierfür ist in Abb. 1 zu sehen.

▶ Das Sprachmodell versucht hierbei vorherzusagen, welche Fortsetzung des Satzes am wahrscheinlichsten ist.

Die bereits geschriebenen Wörter können dann nicht mehr geändert werden. Damit die Modelle sich aber nicht zu früh festlegen müssen, werden oft mehrere Wortketten gleichzeitig betrachtet und dann erst später die am besten passende ausgewählt, bspw. wenn pro Kette zwei weitere Wörter hinzugefügt wurden. Betrachten wir das Beispiel „Bei einer Erkältung sollte hohe Anstrengung

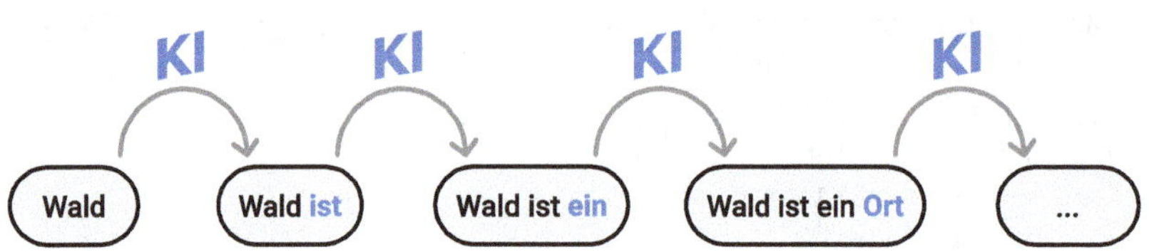

Abb. 1 KI erstellt neue Texte Schritt für Schritt, also ein Wort nach dem anderen. (Eigene Darstellung)

vermieden werden": Das Modell hat bereits die Worte „Wenn du" festgelegt. Die wahrscheinlichste Fortsetzung wäre nun „erkältet". Das Modell beachtet aber auch die Optionen „Schnupfen" und „krank". Für alle drei Optionen werden nun also Fortsetzungen gesucht – für „erkältet" und „krank" wäre das „bist, dann". Für „Schnupfen" könnte das „und Husten" sein. Erst jetzt muss das Modell sich für eine Option entscheiden und kann somit auch am Anfang weniger wahrscheinliche Möglichkeiten wählen.

Die Textgenerierung erfolgt unter Zuhilfenahme des Kontextes. Dies kann jedoch insbesondere bei „Teekesselchen" auch zu Problemen führen. In der Fachsprache spricht man hier von Polysemie bzw. semantischer Ambiguität und meint damit Wörter, die je nach Kontext eine unterschiedliche Bedeutung haben können. Dies lässt sich gut an dem Satz „Ich gehe zur Bank" veranschaulichen, denn hier ist ohne entsprechenden Kontext nicht ersichtlich, ob die Person zu einer Sitzgelegenheit oder einem Geldinstitut geht (siehe Abb. 2).

Das Sprachmodell braucht somit Kontext, um zu entscheiden, welche Art von Bank hier gemeint ist und wie der Satz weitergehen könnte. Es muss den Satz „disambiguieren", also die Mehrdeutigkeit korrekt auflösen. Menschen nutzen hierfür oftmals den globalen Kontext, also bspw. die Situation, in der der Satz gesagt wird. Sprachmodelle haben diesen globalen Kontext nicht und brauchen daher zusätzliche Informationen. Passende Kontexte könnten hier zum Beispiel sein „Ich muss mich hinsetzen. Ich gehe zur Bank. Dort **mache ich eine Pause**." oder „Ich brauche Bargeld. Ich gehe zur Bank. Dort **hebe ich Geld ab.**" Diese polysemen Wörter mit mehr als einer Bedeutung stellen somit eine potenzielle Quelle für Fehler und Missverständnisse dar, sodass hier mit besonderer Genauigkeit geprüft werden muss, ob die Bedeutung von der KI korrekt erfasst wurde.

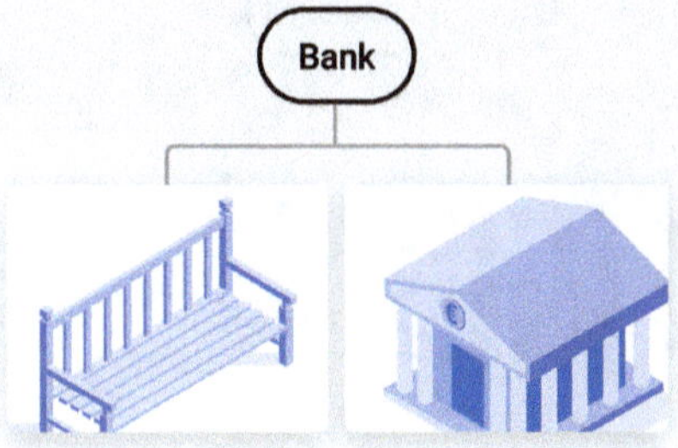

Abb. 2 Das Wort Bank kann mehrere Bedeutungen haben, bspw. eine Parkbank oder ein Geldinstitut. (Eigene Darstellung)

Diese Mehrdeutigkeit und damit auch die Abhängigkeit vom Kontext tritt häufig auch bei Fachwörtern auf. So gibt es nämlich viele Fachwörter, die je nach Fachgebiet, in dem sie verwendet werden, eine ganz unterschiedliche Bedeutung haben.

Ein Beispiel hierfür ist das Wort *Ladung* (siehe Abb. 3). Auch hier kann ein Sprachmodell ohne entsprechenden Kontext nicht wissen, ob das Wort Ladung sich zum Beispiel auf die elektrische Ladung, die Ladung zum Erscheinen vor Gericht, die Ladung eines Gewehrs, die Ladung eines LKWs oder die Ladung einer Nervenzelle bezieht.

Darüber hinaus gibt es auch Wörter, die wir im Alltag verwenden, die aber bspw. in der medizinischen Fachsprache eine andere Bedeutung haben. Ein Beispiel ist das Wort *Klinik,* das in der Medizin kein Krankenhaus, sondern einen klinischen Befund bezeichnet, oder das Wort *Hemisphäre,* das sich in der medizinischen Fachsprache nicht auf die Erdhalbkugel, sondern auf eine Hirnhälfte bezieht. Die Tatsache, dass ein Wort mehr als eine Bedeutung haben kann und der Kontext somit entscheidend ist, sollte bei der Arbeit mit Sprachmodellen stets mitbedacht werden.

Für Produktionsprozesse ist allerdings davon auszugehen, dass Polysemie hier weniger häufig zu Fehlern führt, da Redaktionstexte in der Regel lange Texte und keine Einzelsätze sind und der KI somit genug Kontextinformationen gegeben werden, die für eine erfolgreiche Disambiguierung erforderlich sind.

Ein Modell, das auf die Erstellung von Texten spezialisiert ist, nennt man ein **generatives Modell.** Bekannte generative Modelle sind GPT, auf dem ChatGPT basiert, Llama und Mistral. Im Gegensatz dazu gibt es auch Modelle,

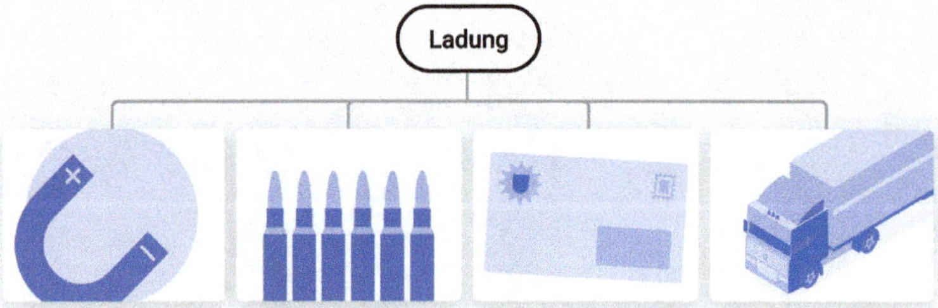

Abb. 3 Das Wort „Ladung“ kann viele verschiedene Bedeutungen haben. (Eigene Darstellung)

die versuchen den Textinhalt zu abstrahieren und ihn als Zahlen und für Modelle verständlich darzustellen. Diese Darstellung projiziert die Wörter oder Sätze in einen hochdimensionalen Zahlenraum, sogenannte **Embeddings.** Mit Wort-Embeddings können Beziehungen zwischen Wörtern abgebildet werden, bspw. Synonyme oder Paare zwischen männlichen und weiblichen Formen. So ist der Abstand (der die Relation signalisiert) zwischen den Wortpaaren Mann-Frau und König-Königin der gleiche. Auf Satzebene können die Embeddings abstrakte Informationen wie das Thema oder die Stimmung eines Satzes abbilden.

Im Bereich der Textvereinfachung werden Embeddings oftmals als zusätzliche Information für das generierende Modell verwendet. Das funktioniert in einer zweiteiligen Modell-Architektur, dem sogenannten **Encoder-Decoder-Modell** (siehe Abb. 4). Hierbei wird der Eingabetext zuerst in einem Embedding abgebildet. Die wichtigsten Informationen im Text, also die Kernaussagen, werden somit maschinenverständlich kodiert. Der zweite Teil, der Decoder, nimmt dann diese Kernaussagen und formuliert sie neu aus. Der Decoder betrachtet dabei die abstrakten Informationen im Embedding, um einen Text zu generieren, der möglichst nah am Inhalt der Eingabe ist, aber leichtere Strukturen nutzt. Ein Encoder-Decoder-Modell orientiert sich mehr am Gesamtkontext der Eingabe und versucht nicht einfach nur den Text fortzuführen. Gleichzeitig können aber kleine Details und Nuancen leichter verloren gehen, weil der Text im Embedding abstrahiert wird. Im Allgemeinen sind Encoder-Decoder-Modelle eher für eine spezifische Aufgabe trainiert und generalisieren deswegen schlechter. Dadurch sind sie aber meistens kleiner und effizienter als große generative Modelle. Man muss also für den jeweiligen Anwendungsfall schauen, welche Modell-Architektur besser geeignet ist.

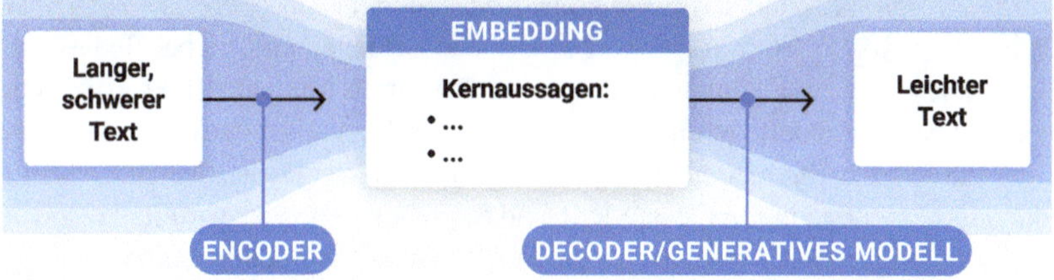

Abb. 4 Ein Encoder-Decoder-Modell besteht aus zwei Teilen. Der Encoder abstrahiert die wichtigsten Informationen aus dem Eingabetext und der Decoder formuliert diese neu aus. (Eigene Darstellung)

> Man kann sagen, dass je besser die Trainingsdaten sind, desto besser ist auch die Ausgabe.

Je nach Sprache und Aufgabe variiert die Menge an verfügbaren und qualitativ hochwertigen Trainingsdaten stark. Die Sprache mit den meisten Daten ist Englisch. Bei Sprachen mit sehr wenigen bis keinen verfügbaren Daten spricht man auch von **low ressource languages.** Ein Beispiel für eine solche Sprache ist Isländisch. Aufgrund der Abhängigkeit der Ausgabequalität von der Menge an verfügbaren Daten ist die Qualität der maschinellen Übersetzung bei Sprachen mit wenigen Ressourcen meistens schlechter. Dieses Prinzip, also die Abhängigkeit der Ausgabe von der Quantität und Qualität der Trainingsdaten, lässt sich auch auf andere Aufgaben außerhalb der maschinellen Übersetzung übertragen.

2 Sprachverarbeitung für die Textvereinfachung

Natural Language Processing (auf Deutsch: die Verarbeitung natürlicher Sprache) beschreibt alle Formen des automatisierten Umgangs mit Sprache. Das können moderne LLMs sein, aber auch regelbasierte Programme. Um zu verstehen, wie NLP und KI bei der Textvereinfachung helfen können, betrachten wir zuerst die verschiedenen Arten der Vereinfachung. Die Komplexität eines Satzes kann entweder von schweren Wörtern oder von einer komplizierten und langen Satzstruktur kommen. Je nachdem, was vereinfacht werden soll, können unterschiedliche KI-Modelle hilfreich sein.

Schwere Wörter können durch einfachere Synonyme ersetzt oder erklärt werden. Ein „Dermatologe" ist ein „Hautarzt" (einfacheres Synonym) bzw. ein „Arzt, der Krankheiten der Haut behandelt" (Definition). Diese Art der Vereinfachung nennt man lexikalische Vereinfachung. Es gibt viele Synonym-Datenbanken, die Wortpaare mit der gleichen Bedeutung gespeichert haben. Genauso kann man Definitionen von Wörtern in Wörterbüchern nachschlagen und sie bei Bedarf einfügen. Diese Prozesse können auch mit regelbasierten Methoden und ganz ohne moderne Sprachmodelle automatisiert werden. Problematisch wird es allerdings, wenn ein Wort mehrere Bedeutungen hat und es nicht klar ist, welche Wortbedeutung die richtige ist. In diesem Fall sind Sprachmodelle von Vorteil, da sie wie bereits beschrieben den Kontext einbeziehen können und somit eine auf die jeweilige Situation angepasste Erklärung liefern können.

Bei der strukturellen Vereinfachung werden komplizierte Satzstrukturen aufgebrochen, ohne die verwendeten Wörter zu verändern. Hierbei können Nebensätze und Einschübe als eigenständige Sätze umformuliert werden oder Formulierungen im Passiv ins Aktiv übertragen werden. Ein Beispiel ist der Satz „Paula, die Dermatologin ist, ist gerade im Urlaub.“, der in die Sätze „Paula ist Dermatologin.“ und „Paula ist gerade im Urlaub.“ aufgespalten werden kann. Es gibt eine limitierte Anzahl an gängigen Konjunktionen, die Nebensätze einleiten können, und das Umformulieren von Sätzen folgt klar definierten Grammatikregeln. Deswegen bieten sich besonders hier regelbasierte Ansätze an. Ein Vorteil dieser regelbasierten Methoden ist, dass es für den Menschen sehr leicht nachvollziehbar ist, welche Regeln angewendet wurden und wo eventuelle Fehler herkommen. Darüber hinaus neigen diese Ansätze nicht dazu, zusätzliche und eventuell falsche Informationen im Text hinzuzufügen (sog. Halluzinationen). Oftmals ist das reine Umschreiben der Sätze allerdings nicht ausreichend und es bedarf einer umfangreicheren Vereinfachung. In solchen Fällen kommen regelbasierte Ansätze an ihre Grenzen.

Die beste Methode der Sprachverarbeitung hängt also oftmals von der Art der Textvereinfachung ab. Für eine allumfassende Vereinfachung, die sowohl schwere Wörter vereinfacht als auch komplexe Satzstrukturen aufbricht, empfiehlt sich oftmals eine Kombination aus mehreren Ansätzen. So kann man den Text mit regelbasierten Modellen vorher aufbereiten, beispielsweise indem lange Sätze schon mal aufgespalten werden. Anschließend wird der Text in ein LLM gegeben, das Erklärungen ergänzt und den Lesefluss und die Kohärenz im Text verbessert. So könnten die aufbereiteten Sätze „Paula ist Dermatologin. Paula ist gerade im Urlaub.“ diese Vereinfachung ergeben: „Paula arbeitet als Hautärztin. Aber gerade ist sie im Urlaub.“

3 Finetuning

Die meisten Trainingsdaten von großen Sprachmodellen sind öffentlich verfügbare Texte, beispielsweise aus dem Internet. Diese Daten sind oftmals in Standardsprache und auf Englisch. Es gibt aber auch Modelle, bei denen bewusst viele verschiedene Sprachen in den Trainingsdaten enthalten sind. Für die gängigsten Aufgaben oder Aufgaben in Standardsprache ohne besondere domänen-spezifischen Fachbegriffe reichen die vortrainierten Versionen meistens aus. Will man aber vorab trainierte Sprachmodellen für spezifische Aufgaben verwenden, wie zum Beispiel Übersetzung in Einfache Sprache, wird **Finetuning** mit spezifischen Daten eingesetzt. Finetuning ist der englische Ausdruck für Feinabstimmung oder genauer gesagt Anpassung eines vortrainierten Modells für bestimmte Anwendungen und Aufgaben. Das Modell verliert dabei seine Fähigkeit viele verschiedene Aufgaben auf einmal lösen zu können, wird aber in der spezifischen Aufgabe deutlich besser.

Für die Erstellung medizinischer Texte werden somit Sprachdaten aus dem Bereich der Medizin verwendet. Hierbei wird das Modell auf den medizinischen Bereich abgestimmt. Das Gleiche geht auch mit Daten in Einfacher Sprache. Wenn man medizinische Fachtexte in Einfache Sprache übersetzen möchte, braucht man also Daten, die sowohl medizinisch als auch in Einfacher Sprache geschrieben sind. Für Aufgaben, die nicht nur einen neuen Text schreiben, sondern dabei möglichst nah am Eingabetext bleiben sollen, bieten sich verknüpfte (alignierte) Daten an. Hier wird eine Sammlung an Texten verwendet, bei der jeder Text sowohl in Standardsprache als auch in Einfacher Sprache vorliegt. Die beiden Version sind miteinander verknüpft, ähnlich wie Wortpaare in einem Wörterbuch. Dadurch kann das Modell lernen, welche Operationen es auf den Texten in Standardsprache ausführen soll, um Einfache Sprache zu erzeugen. Gerade für spezialisierte Texte wie in der Medizin sind solche alignierten Daten besonders schwer zu bekommen.

4 Prompting

Viele Modelle, insbesondere Encoder-Decoder-Modelle, werden für eine bestimmte Aufgabe trainiert, wie im vorherigen Abschnitt beschrieben. Diese Modelle sind dann schlecht im Generalisieren: Sie können also nur schwer eine andere Aufgabe als die ihnen bekannte lösen. Große generative Sprachmodelle hingegen werden allgemeiner trainiert. Anstelle der genauen Aufgabe lernen sie die Aufgabe anhand einer Beschreibung zu verstehen und entsprechend auszuführen. Somit kann ein Sprachmodell viele verschiedene Aufgaben erfüllen, je nach Aufgabenbeschreibung des Nutzers. Diese Fähigkeit nennt man *in-context-learning,* da die Modelle ihre Aufgabe aus dem Kontext der Eingabe lernen. Im Rahmen der Beschreibungen können Beispiele mitgegeben werden. Die Aufgabenbeschreibung selber nennt man auch Prompt. Je nach Anzahl der Beispiele unterscheidet man zwischen dem sogenannten **Zero-Shot-Prompting** und dem **Few-Shot-Prompting** (siehe Abb. 5, 6, 7 und 8).

Bei Zero-Shot-Prompting (siehe Abb. 5) wird dem Sprachmodell eine Aufgabe gegeben, die keine Beispiele oder Demonstrationen enthält. Man geht zudem davon aus, dass diese Textbeispiele in den Trainingsdaten des Modells auch nicht vorkommen. Somit soll das Modell ohne vorheriges Training oder Finetuning auf neue Aufgaben oder Fragen reagieren.

In solchen Prompts sind oft die spezifischen Anweisungen zusammen mit der Hauptabfrage formuliert. Zum Beispiel kann der Zero-Shot-Prompt für die Übersetzung aus der Standardsprache in die Einfache Sprache wie folgt aussehen: „Übersetze den folgenden Text in Einfache Sprache: TEXT“.

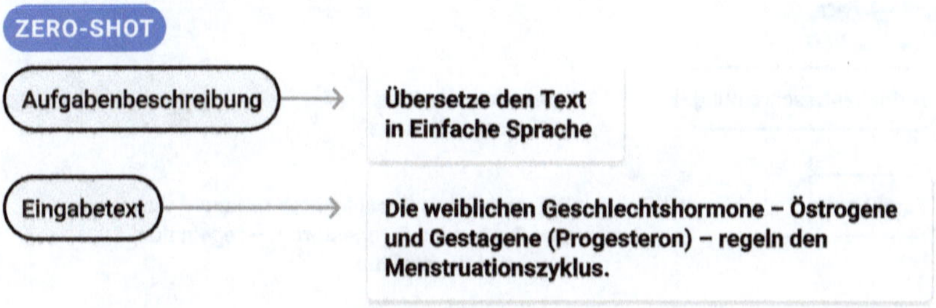

Abb. 5 Zero-Shot. (Eigene Darstellung)

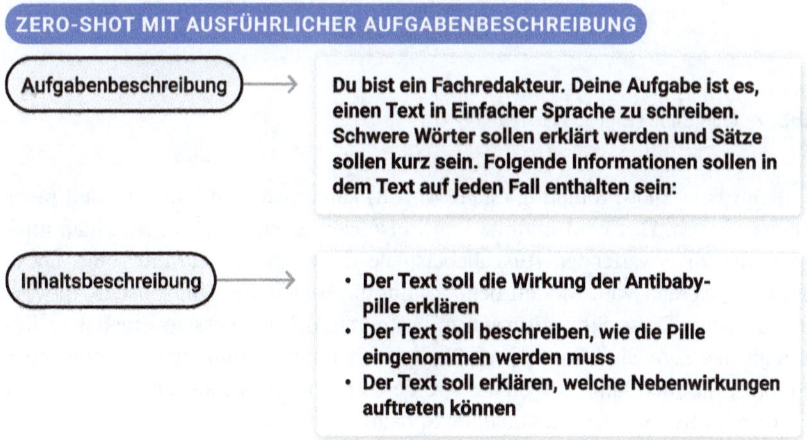

Abb. 6 Zero-Shot mit ausführlicher Aufgabenbeschreibung. (Eigene Darstellung)

Alternativ könnte man die Übersetzungsaufgabe aber auch anders formulieren: „Du bist ein Übersetzer für Einfache Sprache. Übersetze den folgenden deutschen Text in Einfache Sprache. Ausgangstext: TEXT. Zieltext:“, siehe Abb. 6.

Da der Kontext in Sprachmodellen eine große Rolle spielt, sollte der Inhalt und auch die Struktur von Prompts sorgfältig formuliert werden. Sowohl der Inhalt als auch die Struktur können das Ergebnis beeinflussen, siehe Abb. 7.

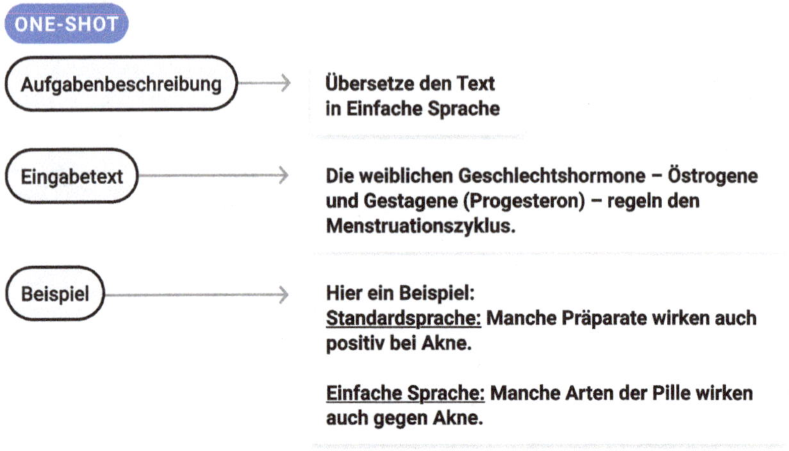

Abb. 7 One-Shot. (Eigene Darstellung)

Beim Few-Shot-Prompting (siehe Abb. 8) kann man dem Sprachmodell mehr Kontext geben. Das wird mithilfe von Beispielen gemacht. Das heißt, man integriert die zu erwartenden Ausgabebeispiele direkt in die Aufforderung. Diese Beispiele werden vom Modell benutzt, um die besten und sinnvollsten Antworten zu geben. Diese Strategie kann in bestimmten Fällen bessere Ergebnisse liefern als das Zero-Shot-Prompting. Die Arbeit an der Formulierung verschiedener Prompts, die die Output-Ergebnisse verbessern können, gehört zu den aktuellen Themen im Bereich der maschinellen Sprachverarbeitung.

Hierbei ist allerdings zu beachten, dass das Prompting bei den klassischen Übersetzungstools (wie bspw. dem Tool von SUMM AI) keine Rolle spielt. Im Unterschied zu Chatbots wie ChatGPT besteht hier nämlich derzeit keine Möglichkeit, mit dem Tool zu interagieren und den Output somit weiter zu optimieren. Es ist jedoch durchaus denkbar, dass es in Zukunft auch bei klassischen Übersetzungstools möglich sein wird, dem Tool Beispiele zu zeigen und einen Text dann stilistisch möglichst nah an Beispieltexten erstellen zu lassen.

Gängige KI-Tools, die im Bereich der Einfache-Sprache-Übersetzung eingesetzt werden, sind auf dem „Infoportal Einfache Sprache" zu finden. Nähere Informationen hierzu finden Sie auch im Kap. Einfache Sprache. Es gibt bis dato noch keinen umfassenden wissenschaftlichen Vergleich der Tools und deren Performance für die Übersetzung in Einfache Sprache, aber erste Ergebnisse deuten darauf hin, dass Tools, die spezifisch für die Übersetzung in Einfache Sprache

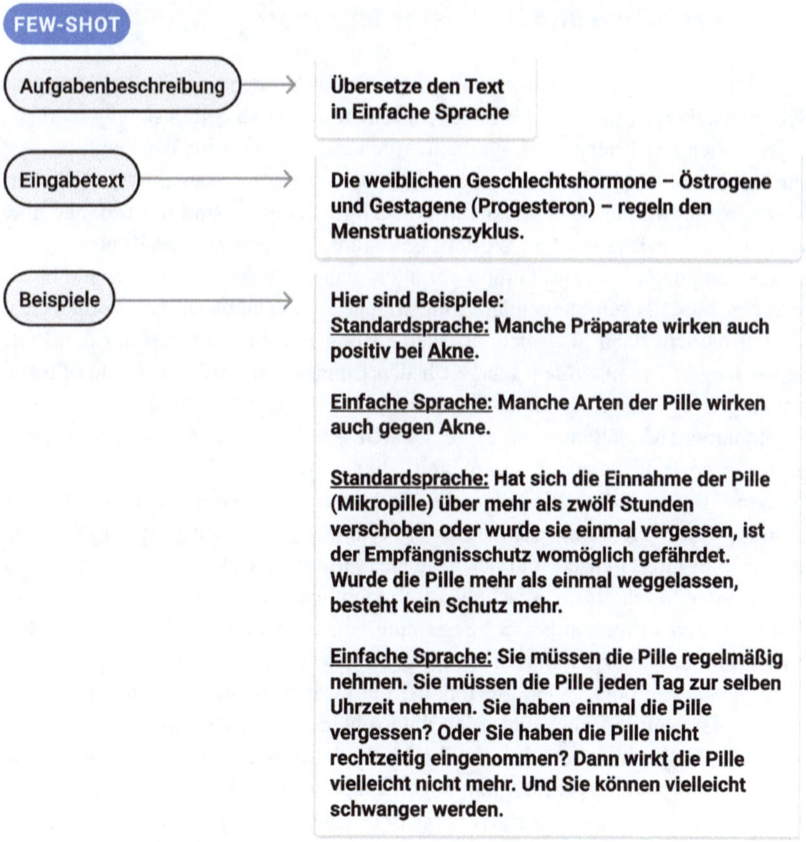

Abb. 8 Few-Shot. (Eigene Darstellung)

trainiert und entwickelt wurden, besser geeignet sind als generelle große Sprachmodelle wie ChatGPT. Hier ist jedoch zu beachten, dass ein wissenschaftlicher Vergleich der Qualität der Tools auch nur begrenzt aussagekräftig wäre, da sich die Technologie rasant weiterentwickelt und theoretisch tagtäglich neue (bessere) Tools und Modelle auf den Markt kommen können. Ein Vergleich wäre somit nur eine Bestandsaufnahme, die vielleicht am nächsten Tag schon nicht mehr aktuell ist.

5 Probleme und Herausforderungen

Im folgenden Abschnitt werden einige Herausforderungen sowie Probleme und Schwachstellen dargestellt, die es bei der Arbeit mit KI zu berücksichtigen gilt.

Wie oben beschrieben, erfolgt die Textgenerierung Wort für Wort und der Text wird nicht holistisch als Ganzes betrachtet bzw. generiert oder übersetzt. Außerdem wird der vorherige Kontext mit einbezogen. Hierbei sind die Modelle aber auf eine maximale Anzahl an Wörtern beschränkt, die noch in den Kontext einbezogen werden können. Das kommt vor allem daher, dass die Berechnungen innerhalb des Modells mit steigender Kontextlänge immer aufwendiger werden. Das Modell braucht dann also mehr Rechenleistung und die Generierung der Texte dauert länger. Die maximale Länge für den Eingabetext wird also bereits für das Training festgelegt und kann dann später nicht mehr geändert werden.

Modernere Modelle wie das hinter ChatGPT stehende Modell können mehrere zehntausend Eingabewörter verarbeiten. Hier ist das Eingabelimit also vernachlässigbar. Bei kleineren Modellen, die oft hinter den Übersetzungstools stecken, kann das Limit bei weniger als tausend Wörtern liegen. Je nach Text stößt die KI hier also an ihre Grenzen und der Eingabetext muss im Zweifelsfall unabhängig voneinander Abschnitt für Abschnitt vereinfacht werden.

Ein weiteres Problem bei der Erstellung von KI-generierten Texten sind **Halluzinationen.** Halluzinationen sind KI-generierte Inhalte, die vom vorgegebenen Input abweichen oder generierte Inhalte, die zwar plausibel klingen, jedoch von dem Modell „ausgedacht“ sind. Man unterscheidet zwischen zwei verschiedenen Arten der Halluzinationen: **Intrisische Halluzinationen** stellen den Eingabetext falsch dar oder widersprechen ihm sogar. Ein Beispiel wäre der Text „Wenn Sie die Einnahme der Pille mehrfach vergessen haben, dann können Sie schwanger werden.“, der zu „Wenn du die Pille einnimmst, wirst du schwanger.“ vereinfacht wird. Wenn wir den Eingabe- und Ausgabetext vergleichen, können wir sehen, dass „Einnahme vergessen“ fälschlicherweise zu „einnehmen“ vereinfacht wurde. Im Gegensatz dazu werden bei **extrinsischen Halluzinationen** neue Informationen hinzugefügt, die nicht im Eingabetext enthalten sind. Ein Beispiel hierfür wäre die Ausgabe „Wenn du die Pille öfter vergessen hast, solltest du zusätzlich noch anders verhüten“. Die zusätzliche Information kann zwar korrekt sein, steht aber nicht im Eingabetext.

Halluzinationen führen dazu, dass automatisch vereinfachte Texte fehlerhafte Informationen enthalten können. Der Bereich der Textvereinfachung ist aber einer der wenigen, bei dem manche Halluzinationen auch gewollt sind. So sind beispielsweise Definitionen und weiterführende Erklärungen meistens nicht im

Eingabetext enthalten, verbessern aber trotzdem das Verständnis des Textes. Aus Sicht der Modelle sind diese Erklärungen extrinsische Halluzinationen. Sie müssen aber nicht zwangsläufig faktisch falsch sein.

Die Ursachen für Halluzinationen sind vielfältig. Eine Ursache liegt in den Daten, mit denen die Modelle trainiert werden. Oftmals haben diese Daten eine fehlerhafte oder unvollständige Alignierung. Auch von Menschen geschriebene Vereinfachungen können vom originalen Inhalt abweichen, um den Lesefluss oder das Verständnis der Texte zu erhöhen. Wenn Modelle auf diesen Daten trainiert werden, dann lernen sie dieses Verhalten zu imitieren. Eine andere Ursache ist die Auswahl der nächsten Wörter während der Generierung. Hierbei kann die Diversität der verwendeten Wörter und somit der Abwechslungsreichtum der generierten Texte erhöht werden. Je abwechslungsreicher die Texte jedoch sein sollen, desto wahrscheinlicher wird es, dass die Modelle dem Zieltext Halluzinationen hinzufügen.

Wie wir bereits an dem Beispiel für extrinsische Halluzinationen gesehen haben, haben Sprachmodelle eine interne Repräsentation von Wissen. Dieses Wissen kommt vor allem aus ihren Trainingsdaten. Durch die gelernten Zusammenhänge zwischen Wörtern können sie das Wissen im Text wiedergeben. Ein Beispiel sind die Wörter „Aspirin" und „Schmerzmittel", die eine große Wahrscheinlichkeit haben, gemeinsam in einem Satz zu stehen. Besonders in der Politik, aber auch im medizinischen Bereich ändert sich der Wissensstand oft und alte Informationen sind dann nicht mehr korrekt. Es ist aber sehr schwierig, das Wissen in den vortrainierten Modellen zu aktualisieren. Die von den Modellen generierten Informationen sind also oftmals ein Abbild des Wissensstandes zum Zeitpunkt des Trainings. Deswegen sollten die Informationen immer noch einmal extern validiert werden. Einen Lösungsansatz für dieses Problem bieten Modelle, die in der Lage sind, online nach Informationen zu suchen und somit up-to-date bleiben können.

Zudem haben die Sprachmodelle derzeit noch Schwierigkeiten mit der **Interpretation der Hauptaussagen** eines Textes. Wenn wir Menschen einen Text lesen, ist uns schnell klar, welche der Informationen für uns wichtig und welche nebensächlich sind. Für Sprachmodelle ist jedoch im Grunde erst einmal jede Hauptaussage gleich wichtig. Die Tatsache, dass die Modelle Schwierigkeiten haben, die wichtigen Informationen zu extrahieren bzw. die Informationen korrekt und angemessen zu gewichten, kann dazu führen, dass häufig weniger wichtige Details überbewertet werden. Hierbei kann es helfen, dem Modell die Informationen, auf die besonders Wert gelegt werden soll, im Prompt mitzuteilen.

6 Fazit

In diesem Kapitel haben wir erklärt, wie große Sprachmodelle trainiert werden, wie sie für allgemeine und spezifische Aufgaben eingesetzt werden können und wieso es dazu kommen kann, dass teilweise Inhalte generiert werden, die faktisch nicht stimmen. Zudem haben wir dargestellt, wie genau die Texte von einem großen Sprachmodell generiert werden. Ein grundlegendes Verständnis für die Funktionsweise von großen Sprachmodellen ist bei der Arbeit mit KI äußerst wichtig. Denn nur wenn man versteht, wie die Modelle funktionieren, kann man auch verstehen, wo potenziell Fehler generiert werden können, die es dann zu identifizieren und zu korrigieren gilt. Eine unreflektierte, ungeschulte Anwendung von KI kann leicht dazu führen, dass Fehlinformationen nicht als solche erkannt werden und somit unbewusst falsche Inhalte veröffentlicht werden. Da für die veröffentlichten Inhalte jedoch am Ende stets der Redakteur bzw. Übersetzer und nicht die KI verantwortlich ist, ist eine kritische Prüfung des Inhalts und ein Abgleich mit seriösen Quellen unerlässlich.

Literatur

Anschütz, M., Oehms, J., Wimmer, T., Jezierski, B., & Groh, G. (2023). Language models for german text simplification: overcoming parallel data scarcity through style-specific pre-training. In A. Rogers, J. Boyd-Graber, & N. Okazaki (Hrsg.), *Findings of the Association for Computational Linguistics: ACL 2023* (S. 1147–1158). https://doi.org/10.18653/v1/2023.findings-acl.74.

Brown, T. B., Mann, B., Ryder, N., Subbiah, M., Kaplan, J., Dhariwal, P., … Amodei, D. (2020). Language Models are Few-Shot Learners. *arXiv [Cs.CL]*. http://arxiv.org/abs/2005.14165. Zugegriffen: 28. Jan. 2025.

Deilen, S., Garrido, S. H., Lapshinova-Koltunski, E., & Maaß, C. (2023). Using ChatGPT as a CAT tool in easy language translation. In *Proceedings of the Second Workshop on Text Simplification, Accessibility and Readability* (S. 1–10).

Deilen, S., Lapshinova-Koltunski, E., Garrido, S., Hörner, J., Maaß, C., Theel, V., & Ziemer, S. (2024). Evaluation of intralingual machine translation for health communication. In *Proceedings of the 25th Annual Conference of the European Association for Machine Translation (Volume 1)* (S. 469–479).

Fagbohun, O., Harrison, R. M., & Dereventsov, A. (2024). An empirical categorization of prompting techniques for large language models: a practitioner's guide. *arXiv [Cs.CL]*. http://arxiv.org/abs/2402.14837. Zugegriffen: 28. Jan. 2025.

Infoportal Einfache Sprache. (o. J.). https://portaleinfach.org/. Zugegriffen: 20. März 2025.

Jurafsky, D., & Martin, J. H. (2024). *Speech and Language Processing: An Introduction to Natural Language Processing, Computational Linguistics, and Speech Recognition with Language Models* (3rd Aufl.).

Miriam Anschütz ist wissenschaftliche Mitarbeiterin an der Technischen Universität München. Sie hat einen Master in Informatik und macht ihre Promotion im Bereich Natural Language Processing. Ihr Forschungsschwerpunkt ist die Anwendung und Analyse von Künstlicher Intelligenz für Einfache/Leichte Sprache und Barrierefreiheit. Hierbei erforscht sie die Erstellung und die automatisierte Evaluation von Systemen, die Menschen beim Schreiben vereinfachter Texte helfen oder Menschen aus der Zielgruppe den Zugang zu verständlichen Texten erleichtern können. Im Rahmen ihrer Arbeit ist sie Projektmanagerin für diverse Projekte und betreut zahlreiche Studierende bei ihren Projekt- und Abschlussarbeiten.

Silvana Deilen ist wissenschaftliche Mitarbeiterin am Institut für Übersetzungswissenschaft und Fachkommunikation an der Universität Hildesheim. Im Rahmen ihrer Promotion im interdisziplinären Graduiertenkolleg „Einfach Komplex – Leichte Sprache" an der Johannes-Gutenberg Universität Mainz hat sie eine Eye-Tracking-Studie zur optischen Gliederung von Komposita in Leichter Sprache durchgeführt. Ihre Forschungsinteresse liegen in den Bereichen inter- und intralinguale maschinelle Übersetzung, Einfache und Leichte Sprache, Fachtextübersetzen und Eye-Tracking.

Ekaterina Lapshinova-Koltunski ist seit 2022 Professorin für mehrsprachige technische Fachkommunikation an der Stiftung Universität Hildesheim. Dort lehrt sie im Bereich der Übersetzungswissenschaft und Fachkommunikation und leitet den Studiengang ‚Internationale Fachkommunikation'. Zu ihren Forschungsschwerpunkten gehört unter anderem Evaluierung maschineller Übersetzung.

Bewertung: Was kann KI für Einfache Sprache leisten und worauf müssen Sie achten?

Sarah Ahrens, Silvana Deilen und Ekaterina Lapshinova-Koltunski

Zusammenfassung

In diesem Kapitel stellen wir vor, was KI-Tools für die Erstellung und Übersetzung von Texten in Einfache Sprache derzeit leisten können und worauf Sie bei der Verwendung dieser Tools achten sollten. Zuerst betrachten wir die unterschiedlichen Einsatzbereiche und Anwendungsmöglichkeiten für KI-Tools. Dann stellen wir anhand von konkreten Beispielen verschiedene Möglichkeiten vor, wie Sie die Qualität eines maschinell erstellten Textes überprüfen und bewerten können. Zum Schluss zeigen wir, wie Sie den Textinhalt auf Fehler prüfen können.

S. Ahrens (✉) · S. Deilen · E. Lapshinova-Koltunski
Universität Hildesheim, Hildesheim, Deutschland
E-Mail: ahrenss@uni-hildesheim.de

S. Deilen
E-Mail: deilen@uni-hildesheim.de

E. Lapshinova-Koltunski
E-Mail: lapshinovakoltun@uni-hildesheim.de

C. Maaß et al. (Hrsg.), *Einfache Sprache mit KI-Tools*,
https://doi.org/10.1007/978-3-658-47867-4_6

1 Einsatzbereiche von Künstlicher Intelligenz für Einfache Sprache

Im Bereich der Erstellung und Übersetzung von Einfache-Sprache-Texten können Sie Künstliche Intelligenz (KI) für eine Bandbreite von Arbeitsschritten verwenden – von der Rechtschreib- und Grammatikprüfung bis hin zur Generierung neuer, zielgruppenspezifischer Texte.

Bevor wir darstellen, was KI derzeit leisten kann und wie Sie den generierten Output bewerten können, geben wir einen kurzen Überblick über die Anwendungsmöglichkeiten von KI für Einfache Sprache. In diesem Kapitel konzentrieren wir uns auf die **Texterstellung, Textanalyse und Überarbeitung** mit KI. KI-Tools, die zum Beispiel Bilder generieren oder Untertitel erstellen, lassen wir außer Acht.

▶ Einer der Einsatzbereiche, der in den letzten Jahren stark gewachsen ist, ist die maschinelle Übersetzung von Texten aus dem Standarddeutschen in Einfache Sprache.

Die Benutzeroberfläche der hierfür auf dem Markt befindlichen und etablierten Tools (siehe Kap. Einfache Sprache) ist ähnlich aufgebaut wie bei klassischen Übersetzungstools für fremdsprachliche Übersetzungen. In der Regel wird links der Standardtext eingefügt und rechts erscheint der generierte Output in Einfacher Sprache.

Daneben gibt es Tools, die Texte umfassend analysieren und Korrekturen vorschlagen. Das Tool „Wortliga" (WORTLIGA Tools GmbH) schlägt bspw. Kürzungen, Umformulierungen oder Zusammenfassungen eines Textes vor. Es zeigt Ihnen, wo Sie Sätze aufteilen oder die Rechtschreibung und Grammatik verbessern können. Wortliga analysiert das Sprachniveau (gemäß dem gemeinsamen europäischen Referenzrahmen von A1-C2), die Lesbarkeit, die durchschnittliche Satzlänge sowie die Anzahl an Buchstaben, Wörtern, Sätzen, Abschnitten und ermittelt die Lesezeit. Zur Optimierung der Textverständlichkeit gibt es eine Checkliste, die den Text auf das Vorkommen „schwieriger" Strukturen prüft. Hierzu gehören Passivsätze, Modalverben, Abkürzungen, unpersönliche Formulierungen, komplexe Wörter und lange Sätze. Diese werden farblich im Text markiert. Das Tool macht Verbesserungsvorschläge in Form von Fragen, wie „Kannst du die Informationen in mehrere Sätze teilen?" oder „Kannst du auf dieses Adjektiv verzichten?". Darüber hinaus werden Ihnen Synonyme für Verben, Nomen und Adjektive angezeigt.

Das Tool „TextLab" (H&H Communication Lab GmbH) bietet ähnliche Möglichkeiten. Hier können Sie zudem den „Hohenheimer Verständlichkeitsindex" berechnen, den wir weiter unten vorstellen. Sie können Wortlisten und Vorgaben für eine Corporate Language hinterlegen. Beide Funktionen können auch für Einfache Sprache sinnvoll sein, indem man verständliche Termini hinterlegt oder die Vorgaben zur Corporate Language als „Stil-Index" verwendet. TextLab enthält einen KI-Assistenten, der Texte überarbeiten und neu generieren kann.

Besonders bekannt geworden sind Chatbots wie ChatGPT (siehe Kap. Künstliche Intelligenz), die Sie auch für die Einfache Sprache verwenden können. Durch das „Chatten", also das Interagieren mit dem Chatbot, können Sie **Erklärungen von Fachbegriffen** und **Definitionen** erstellen lassen, die Sie in den Einfache-Sprache-Text übernehmen können. Sie können Chatbots als Recherchewerkzeug nutzen und sich so die Einarbeitung in ein Fachgebiet erleichtern. Durch die Chatfunktion geben Sie dem Tool Vorgaben, zum Beispiel zur (kundenspezifischen) Terminologie, zum Gendern, zur Erläuterung von Wörtern oder zur Wort-, Satz- und Textlänge. Im Unterschied zu klassischen Übersetzungstools können Sie bei Chatbots auch nach der Texterstellung weitere „Prompts" formulieren und den Output so weiter anpassen und ändern. So könnten Sie sich erst einen Text in Einfache Sprache übersetzen lassen und das Tool anschließend auffordern, in dem generierten Text alle Passivsätze durch Aktivsätze zu ersetzen, alle Fremdwörter zu erklären oder den Text zu kürzen. Ebenso könnten Sie den Text für eine bestimmte Zielgruppe oder unterschiedliche Zielgruppen mit unterschiedlichen Wissensvoraussetzungen erstellen lassen.

Per KI können Sie einen Text zusammenfassen lassen. Diese Funktion ist hilfreich, wenn Ihr sehr langer Text eine Zusammenfassung braucht, für die es ein bestimmtes Zeichen- oder Wortlimit gibt. Diese Arbeit ist insbesondere bei Texten, die Sie nicht selbst verfasst haben, äußerst müßig und zeitaufwendig. Chatbots können diese Arbeit deutlich erleichtern. Sie können konkrete Angaben zur Zusammenfassung machen und sich zum Beispiel eine Zusammenfassung von einer vorgegebenen Länge generieren lassen. Sie können Chatbots auch zur Fehlererkennung einsetzen – von der klassischen Rechtschreib- und Grammatikprüfung bis hin zur Erkennung inhaltlicher Fehler.

Bei diesen scheinbar unendlichen Anwendungsmöglichkeiten stellt sich vielleicht die Frage, wieso Redakteure und Redakteurinnen überhaupt noch in die Erstellung eines Einfache-Sprache-Textes involviert sein müssen. Geht die Arbeit noch über das „Drücken des Knopfes" und Kopieren des Textes hinaus? Die klare Antwort hierauf lautet: Ja, denn trotz all dieser Möglichkeiten, ist die Qualität der generierten Texte nicht automatisch zufriedenstellend. Der Output kann nicht ohne Weiteres verwendet, geschweige denn veröffentlicht werden.

Zwar ist Qualität von maschinellen Übersetzungstools und Chatbots in den letzten Jahren erheblich gestiegen, aber nach wie vor gilt: Bei der Verwendung von KI-Tools ist Vorsicht geboten! In den letzten Jahren haben sich einige Schwachstellen herauskristallisiert, die es zu berücksichtigen gilt. Da am Ende stets der Redakteur oder Übersetzer für den Text verantwortlich ist, ist beim Einsatz von KI eine sorgfältige Risikobewertung erforderlich. Die Nutzer müssen neben den „Prompting-Kompetenzen" auch weitere Kompetenzen erwerben, die für eine reflektierte und sichere Anwendung notwendig sind. Um Ihnen diese Kompetenzen an die Hand zu geben, zeigen wir auf den folgenden Seiten Bewertungsmethoden für KI-generierte Texte auf.

2 Bewertung der Verständlichkeit: Der Hohenheimer Verständlichkeitsindex (HIX)

Um die Verständlichkeit eines Einfache-Sprache-Textes zu bewerten, gibt es verschiedene Möglichkeiten. Unter anderem bieten sich Interviews oder Umfragen an, in denen die Leserinnen und Leser zu den Textinhalten gefragt werden. Die Antworten gleichen Sie mit den Textaussagen ab und bewerten so das Verstehen des Textes. Im Umkehrschluss wissen Sie dann, wie verständlich der Text war. In Studien kann man Leserinnen und Leser auch darum bitten, die Verständlichkeit eines Textes auf einer Skala von 0–5 zu bewerten. In Interviews kann man die Leserinnen und Leser fragen, welche konkreten Strukturen sie als schwer verständlich bewerten würden und warum. In wissenschaftlichen Studien lässt das „Eye-Tracking-Verfahren" Rückschlüsse auf die Textverständlichkeit zu. Dabei zeichnet ein Gerät, ein „Eye-Tracker", die Augenbewegungen beim Lesen auf. Leserinnen und Leser lesen Texte oder Wörter, die schwer verständlich sind, in der Regel wiederholt und insgesamt langsamer als leichte Texte und Wörter.

All diese Methoden sind zeitintensiv. Deshalb stellen wir im Folgenden einige Möglichkeiten vor, mit denen Sie zumindest einen Aspekt der Verständlichkeit automatisch bewerten können: die Lesbarkeit. Einer der Indexe, der speziell für die deutsche Sprache entwickelt wurde und im Bereich der automatischen Evaluierung von Textverständlichkeit häufig zur Anwendung kommt, ist der oben schon eingeführte „Hohenheimer Verständlichkeitsindex", kurz „HIX". Den HIX können Sie mit der kostenpflichtigen Anwendung „TextLab" berechnen. Er gibt die Lesbarkeit eines Textes auf einer Skala von 0–20 an, wobei 0 für eine sehr geringe Lesbarkeit und 20 für eine sehr hohe Lesbarkeit steht. Demnach gilt also: Je höher die Punktzahl, desto lesbarer der Text.

Der an der Universität Hohenheim entwickelte Index ist ein Meta-Index. Das bedeutet, dass er anhand von vier Lesbarkeitsformeln berechnet wird, die für die deutsche Sprache etabliert sind. Bei diesen vier Lesbarkeitsformeln handelt es sich um:

- Amstad-Formel
- Wiener Sachtext-Formel
- SMOG-Index (Deutsch)
- LIX Lesbarkeitsindex

Darüber hinaus fließen noch eine Vielzahl an Textparametern mit ein. Hierzu gehören zum Beispiel die durchschnittliche Satzlänge in Wörtern und die durchschnittliche Wortlänge in Buchstaben. Es ist erwiesen, dass lange Sätze und lange Wörter in der Regel schwieriger zu lesen und zu verarbeiten sind als kurze Sätze und Wörter. Deshalb wirken sich überdurchschnittlich lange Sätze und Wörter negativ auf die Lesbarkeit aus und somit auch auf die erreichte Punktzahl. Dies veranschaulicht Abb. 1. Der folgende Satz besteht aus 38 Wörtern und hat einen HIX-Wert von nur 0,83 – auch angesichts der teilweise langen Wörter und der vielen Einschübe.

Teilt man den Satz in vier Sätze auf und verzichtet auf die Komposita, steigt der HIX-Wert direkt auf 15,12 (siehe Abb. 2).

Weitere Kriterien, die bei der Berechnung eine Rolle spielen, sind der Anteil an Fremdwörtern, der Anteil an Nomen in einem Text (also der „Nominalisie-

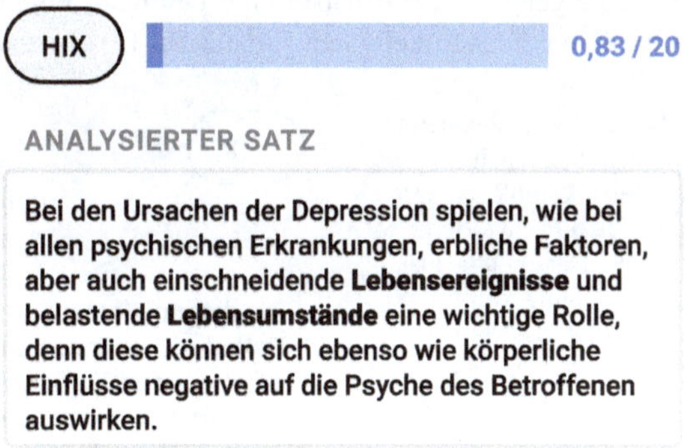

Abb. 1 Der Hohenheimer Verständlichkeits-Index für einen syntaktisch komplexen Satz. (Eigene Darstellung aus Untersuchungskorpus Projekt KI-GesKom)

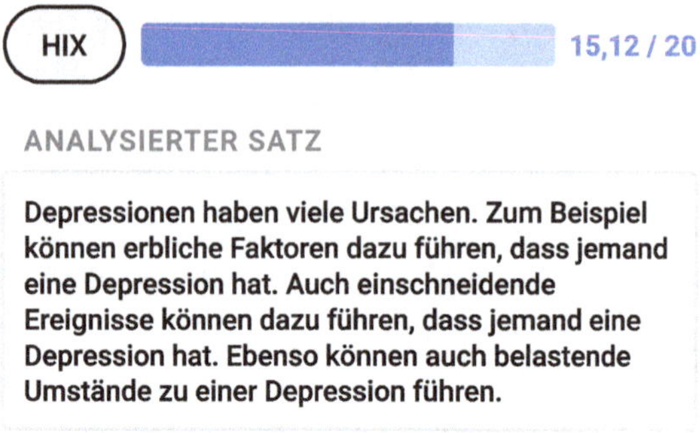

Abb. 2 Der Hohenheimer Verständlichkeitsindex für eine vereinfachte Version des Satzes, aufgeteilt in vier Einzelsätze. (Eigene Darstellung aus Untersuchungskorpus Projekt KI-GesKom)

rungsgrad“) und der Anteil an abstrakten Nomen. Das sind solche Nomen, die nicht greifbare, weniger anschauliche und oft komplexe Konzepte ausdrücken. Zu den abstrakten Nomen gehört zum Beispiel „Politik“, während „Hund“ ein konkretes Nomen ist. Abstrakte Nomen sind wegen ihrer genannten Eigenschaften tendenziell schwerer zu verstehen als konkrete Nomen. Ebenso wie lange Sätze und Wörter sind auch viele Fremdwörter, abstrakte Nomen sowie Wörter, die nur selten im Sprachgebrauch vorkommen, in der Regel schwer verständlich und senken dementsprechend die Punktzahl. Dies wird in folgendem Satz aus Abb. 3 deutlich, der nicht nur aufgrund der Satzlänge, sondern auch aufgrund der Vielzahl an Fach- und Fremdwörtern einen HIX von nur 1,98 aufweist und so bspw. in medizinischen Fachbüchern stehen könnte.

Wie oben erwähnt, wird der HIX auf einer Skala von 0–20 angegeben. Texte mit geringer Lesbarkeit haben eine geringere Punktzahl. Beispiele sind wissenschaftliche Fachartikel oder juristische Dokumente. Kinderbücher und allge-

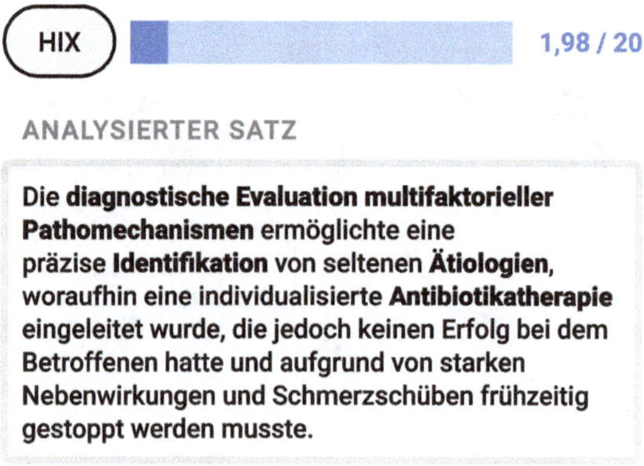

Abb. 3 Der Hohenheimer Verständlichkeitsindex für einen komplexen Satz mit vielen Fachwörtern. (Eigene Darstellung aus Untersuchungskorpus Projekt KI-GesKom)

meinsprachliche Nachrichtentexte (beispielsweise aus der Bild-Zeitung) sind Beispiele für Texte mit hoher Lesbarkeit und deshalb mit hoher Punktzahl. Leichte-Sprache-Texte sollen einen HIX-Wert von mindestens 18 erreichen. In Kap. Einfache Sprache haben wir erläutert, dass Einfache-Sprache-Texte etwas komplexer sein dürfen als solche in Leichter Sprache. Einfache-Sprache-Texte sollen einen HIX-Wert von mindestens 16 erreichen.

Neben TextLab, mit dem Sie unter anderem den HIX berechnen können, gibt es auch die Anwendung „Wortliga“, die in der Basisversion kostenlos ist. Wortliga bewertet die Textverständlichkeit auf einer Skala von 0–100, wobei verständliche Texte laut der Website einen Wert zwischen 60 und 100 haben. Bei der Berechnung des Scores werden hier unter anderem die durchschnittliche Wort- und Satzlänge, das Vorkommen von Passivkonstruktionen, Nominalstil und komplexen Wörtern berücksichtigt. Das Tool orientiert sich dabei am „Hamburger Verständlichkeitsmodell“. Wie weiter oben dargestellt bietet das Tool darüber hinaus noch eine Vielzahl weiterer Funktionen.

Neben den beiden Tools gibt es noch weitere Tools mit ähnlichen Funktionen, wie bspw. „Psychometrika“ zur Bestimmung des sog. Lesbarkeitsindex (LIX), oder https://www.flesch-lesbarkeitsindex.de, ein Tool, das zur Berechnung des „Flesch-Werts“ entwickelt wurde. Der Flesch-Wert gibt die Lesbarkeit eines Textes an.

Für die Analyse der Wortfrequenz, also der Worthäufigkeit, bietet sich die Open-Source-Software „Voyant“ an. Voyant wurde nicht speziell für die deutsche Sprache entwickelt, sondern kann derzeit in 10 Sprachen genutzt werden. Der Fokus liegt allein auf der Analyse und Verteilung der Wortfrequenzen und nicht auf der Übersetzung, Umformulierung oder Verbesserung eines Textes. Voyant ist insbesondere dann gut zur Analyse geeignet, wenn man mehrere Dokumente miteinander vergleichen möchte. Es ist hiermit nämlich möglich, ganze Textsammlungen (also „Korpora“) hochzuladen, zu durchsuchen und zu analysieren. Mit Voyant haben Sie die Möglichkeit, Online-Texte per URL einzufügen, statt die Texte eigens hochzuladen. Nach Eingabe des Textes, einer Textsammlung oder einer URL öffnet sich eine neue Seite. Hier finden Sie detaillierte Informationen zur Häufigkeit von Wörtern im Text oder in der ganzen Textsammlung. Die Worthäufigkeit wird tabellarisch ausgegeben sowie in einer Wortwolke und einem Diagramm visualisiert. Sie können für jedes einzelne Wort sehen, wie häufig es im Text oder in der Textsammlung vorkommt. Voyant bietet daneben eine „Kontext“-Funktion, die das Vorkommen eines Wortes mit den Wörtern links und rechts davon, also den Wörtern im Kontext, anzeigt. Dies kann nützlich sein, um genauer zu untersuchen, wie Wörter verwendet werden.

Beachten Sie, dass die hier beschriebenen Tools für die Textverständlichkeit bzw. -lesbarkeit nur die Textoberfläche berücksichtigen. Das bedeutet, dass alle Verständlichkeitskriterien, die nicht auf der Textoberfläche berechenbar sind, nicht mit in die Evaluierung mit einfließen. Diese Kriterien spielen aber eine entscheidende Rolle für die Verständlichkeit eines Textes. Solche Kriterien sind zum Beispiel die Informationsstruktur oder die Kohärenz des Textes, also der logische Textzusammenhang. Ein kohärenter Text zeichnet sich also durch einen „roten Faden" aus; dieser ist jedoch anhand von automatischen Metriken wie dem HIX nicht messbar. Für eine vollumfassende und aussagekräftige Evaluierung der Textverständlichkeit müssen Sie die Tools also durch weitere Analyse ergänzen. Diese (händischen) Analysen werden weiter unten vorgestellt.

3 Bewertung des Satzbaus: syntaktische Komplexität

Auch die Syntax, also den Satzbau, können Sie automatisch bewerten. Bewertungskriterien sind Satzlänge und -komplexität. Komplexe Sätze bestehen aus mehreren Teilen, zum Beispiel einem Hauptsatz und mehreren Nebensätzen. Aneinandergereihte Nebensätze sind in der Regel schwer zu verarbeiten und sollten daher nicht in Einfacher Sprache vorkommen.

Analysetools können Texte automatisch nach der Art der syntaktischen Konstruktionen markieren, d. h. „taggen" oder „annotieren". Die automatische syntaktische Analyse nennt man „Parsen". Es gibt verschiedene Arten von Tools, die unterschiedliche Aspekte des Satzbaus parsen. Auf den Abb. 4 und 5 sieht man den Output eines „Dependenzenparsers". Dependenzenparser verlinken Satzteile mit dem Verb, die vom Verb abhängig (also „dependent") sind. Die Verlinkungen markieren, ob die Abhängigkeiten einfach oder komplex sind. Die Abhängigkeiten sind auf Abb. 4 und 5 mit Pfeilen markiert. Auf Abb. 5 sind sie komplexer als auf Abb. 4.

Sie können die Anzahl der einfachen und der komplexen Abhängigkeitsbeziehungen auszählen lassen. So erkennen Sie, welche Texte einen komplexen Satz-

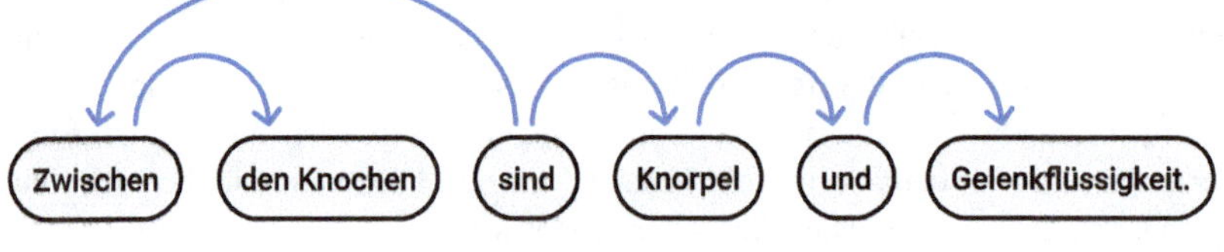

Abb. 4 Output eines Dependenzparsers zeigt einfache Abhängigkeitsbeziehungen im Satz. (Eigene Darstellung aus Untersuchungskorpus Projekt KI-GesKom)

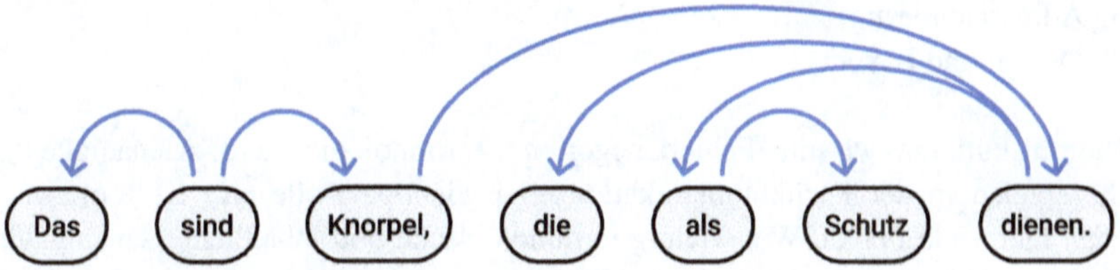

Abb. 5 Output eines Dependenzparsers zeigt komplexe Abhängigkeitsbeziehungen im Satz. (Eigene Darstellung aus dem Untersuchungskorpus Projekt KI-GesKom)

bau haben: Je mehr komplexe Beziehungen, desto komplexer ist der Text. Solche Auswertungen finden sich auch in Tools wie TextLab und Wortliga.

4 Manuelle Methoden: Bewertung der Übersetzungsqualität

Wir können KI-Outputs aus übersetzerischer Perspektive betrachten. Dazu können wir – in gewissem Rahmen – Instrumente aus der interlingualen Übersetzung benutzen. Diese wurden bisher aber noch nicht systematisch an die Übersetzung in Einfache Sprache angepasst. Solange Sie wissen, welche Aspekte Sie bewerten möchten, können Sie zumindest ein händisches Analysetool schon jetzt nutzen. Für die Bewertung von KI-Output in Einfacher Sprache eignen sich zum Beispiel die „Multidimensional Quality Metrics" (MQM). Diese umfassen zahlreiche Facetten der interlingualen Übersetzung. Es handelt sich um einen umfassenden Katalog an Fehlerkategorien. Der Katalog ist dazu gedacht, dass man für sein spezifisches Projekt einzelne Kategorien auswählt. Anhand dieser Kategorien wird die Übersetzung dann analysiert. Die Analyse findet in der Regel händisch statt. Es gibt aber schon wissenschaftliche Publikationen, die die automatische Analyse per Chatbot thematisieren.

MQM umfasst insgesamt sieben große Fehlerkategorien, die wir für dieses Buch aus dem Englischen übersetzt haben:

1. Terminologie
2. Genauigkeit
3. Sprachliche Form
4. Stil
5. Lokalisierung

6. Adressatenbezug
7. Design und Layout

Hier diskutieren wir die Fehlerkategorien „Terminologie“ und „Genauigkeit“. Sie spielen in der Fachkommunikation eine wichtige Rolle und KI-Tools machen hier viele Fehler. Wie wichtig terminologische und inhaltliche Genauigkeit sind, ist abhängig vom Fach. In der Rechtskommunikation kommt es oft auf die richtige Formulierung an, weshalb die Genauigkeit eine große Rolle spielt. In der Gesundheitskommunikation existieren neben fremdsprachigen Termini häufig auch deutsche Termini, die aber nicht immer ohne Weiteres austauschbar sind. Auch hier spielt Genauigkeit also eine Rolle, wenn auch eine geringere als in der Rechtskommunikation.

Wenden wir uns zunächst der Fehlerkategorie „Terminologie“ zu. Sie enthält drei Unterkategorien:

1. Die Terminologie stimmt nicht mit der vom Auftraggeber gewünschten Wortwahl überein, z. B. wenn es eine Corporate Language gibt.
2. Die Terminologie ist uneinheitlich, wo Einheitlichkeit wünschenswert ist.
3. Die Terminologie ist aus fachsprachlicher Sicht falsch.

Corporate Language spielt für die Einfache Sprache noch keine so große Rolle wie in der interlingualen Übersetzung. Die terminologische Einheitlichkeit hingegen ist in Einfacher Sprache meist wünschenswert. Da die Ausgangstexte – und die Trainingsdaten für die KI – aber Synonyme, Oberbegriffe, Unterbegriffe und andere Wortbeziehungen enthalten, spiegelt sich diese Wortvielfalt auch im KI-Output wider. Auch fehlerhaft verwendete Terminologie ist für die Einfache Sprache eine wichtige Kategorie. Fehlerhaft verwendete Terminologie steht zum Beispiel in diesem Satz:

> *„Manchmal kann man nachts aufwachen und dann nicht mehr einschlafen. Das nennt man dann Hypersomnie.“ (Deilen et al.* 2024*: 48)*

Im Ausgangstext wurde „Hypersomnie“ korrekt verwendet: Sie ist das erhöhte Schlafbedürfnis am Tag, welches die Folge von häufigem Aufwachen und Wachbleiben in der Nacht ist. Diesen Fehler können wir als Terminologie-Fehler einordnen, nämlich als fehlerhaft generierte Fachterminologie. Wir können ihn aber auch als Fehler in der Genauigkeit einordnen, die wir als nächstes diskutieren.

Die Genauigkeit enthält viele Unterkategorien, von denen wir vier beispielhaft aufführen:

- Fehlerhafte Beziehungen zwischen Fachinhalten.
- Nicht eindeutiger Inhalt im Zieltext, der im Ausgangstext eindeutig war.
- Der Output enthält Halluzinationen.
- Dem Output fehlen relevante Informationen.

Den „Hypersomnie"-Fehler können wir als fehlerhafte Beziehung zwischen Fachinhalten kategorisieren. Der Zusammenhang zwischen dem vielen Schlafen am Tage und dem Terminus „Hypersomnie" wird nicht hergestellt. Stattdessen generiert das Tool einen Zusammenhang zwischen dem wenigen Nachtschlaf (also dem Auslöser der Hypersomnie) und dem Terminus „Hypersomnie". KI-Tools generieren nicht nur fehlerhafte Beziehungen zwischen Fachinhalten, sondern auch nicht eindeutige Inhalte. So kann das Wort „Ausdauersport" zu „Sport" werden. Dadurch fehlt – je nach Kontext – ein relevanter Bedeutungsinhalt.

Ebenfalls Teil der Genauigkeit sind Halluzinationen. Nach MQM ist eine Halluzination eine maschinell erstellte Übersetzung, die die Bedeutung aus dem Ausgangstext nicht widerspiegelt. Diese Definition ist für unsere Zwecke ungeeignet, da eine Satz-zu-Satz-Gegenüberstellung für die Einfache Sprache ungeeignet ist. Es ist sinnvoller, Halluzinationen als KI-generierte Inhalte zu definieren, die vom vorgegebenen Input abweichen (siehe Kap. Künstliche Intelligenz). Entweder stimmen die Inhalte nicht mit dem Ausgangstext überein – was bereits in den anderen „Genauigkeit"-Kategorien abgebildet ist – oder sie sind falsch. Auch für letzteres hält MQM bereits verschiedene Fehlerkategorien bereit, z. B. falsch verwendete Terminologie. Halluzinationen sind aber zum Beispiel Sätze und Absätze, die nicht im Ausgangstext stehen und die im Output nicht benötigt werden oder falsch sind.

Ein Beispiel: Im Ausgangstext steht, dass ein gesunder Lebensstil und schlaffördernde Verhaltensweisen Teil der Behandlung von Schlafstörungen sind.

> *„Selbsthilfemaßnahmen wie gesunder Lebensstil und den Schlaf fördernde Verhaltensweisen" (Quelle: Korpus zum Projekt KI-gestützte Gesundheitskommunikation in Einfacher Sprache)*

Für den Zieltext generiert die KI Beispiele für den gesunden Lebensstil, die nicht im Ausgangstext stehen. Diese Beispiele treffen allerdings eher auf schlaffördernde Verhaltensweisen zu.

> *„Gesunder Lebensstil: Regelmäßig schlafen gehen, keine schweren Mahlzeiten vor dem Schlaf" (Quelle: Korpus zum Projekt KI-gestützte Gesundheitskommunikation in Einfacher Sprache)*

Diese Halluzination ist also in sich inkorrekt, da die Beispiele eher zu schlaffördernden Verhaltensweisen gehören als zu einem gesunden Lebensstil. Zudem stehen die „den Schlaf fördernden Verhaltensweisen“ nicht mehr im KI-Output. Sie wurden durch die beiden Beispiele ersetzt.

Ausgelassen werden die „den Schlaf fördernden Verhaltensweisen“, die über die beiden genannten Beispiele hinausgehen. So könnten wir den Fehler statt als Halluzination auch als fehlende relevante Information einordnen – je nach Fokussetzung der Fehleranalyse. Solche Auslassungen von Informationen sind bei Chatbots häufige Fehler (siehe Kap. Künstliche Intelligenz).

Die Fehlerkategorien haben nicht alle dasselbe Gewicht, und auch die einzelnen Fehler wiegen nicht gleich schwer. Eine Halluzination wie die genannte ist nicht unbedingt leicht zu finden, aber leicht zu beheben. Sie ist inhaltlich so korrekt und plausibel, dass keine gefährlichen Gesundheitsinformationen vermittelt werden und der Text bleibt funktional. Die fehlerhafte Verwendung von „Hypersomnie“ wäre höher zu bewerten, da sie fehlerhaftes fachsprachliches Wissen vermittelt. Arbeitet der Rest des Textes zudem mit der richtigen Definition, ist der Text inkohärent und somit unverständlich.

5 Fazit

Die Ausführungen haben gezeigt, dass es derzeit nicht möglich ist, einen funktionalen, qualitativ hochwertigen und geprüften Text einzig und allein mit KI und ohne menschliche Redakteure erstellen zu lassen. Die „Intervention“ der Redakteure ist und bleibt somit essenziell. Die Tatsache, dass der Output auf der Textoberfläche immer besser wird, macht die Arbeit der Redakteure und das Prüfen des Inhalts umso schwerer, da hier die Gefahr besteht, dass man sich durch den professionell klingenden Inhalt täuschen lässt und die Inhalte als korrekt hinnimmt. Die Prüfung des Inhalts sollte also mit hoher Konzentration erfolgen.

▶ Daraus ergibt sich auch, dass die Redakteure, die mit KI-Tools arbeiten, über bestimmte Kompetenzen verfügen müssen, damit sie die Probleme, die die KI-Tools derzeit noch haben, überhaupt erkennen können.

Zu diesen Kompetenzen gehört zum Beispiel ein grundlegendes Verständnis für die Funktionsweise von großen Sprachmodellen (siehe Kap. Künstliche Intelligenz). Dieses grundlegende Verständnis ermöglicht es den Redakteuren, die Fehler der KI-Tools zu erkennen und anschließend zu korrigieren. Für die Korrektur und Prüfung des Inhalts sind zudem noch Recherchekompetenzen erforderlich. Redakteure müssen dazu in der Lage sein, die Informationen gezielt an die Zielleserschaft und deren Vorwissen anzupassen. Ohne diese Kompetenzen könnten Redakteure sich zu stark auf die KI verlassen und gegebenenfalls schwerwiegende inhaltliche Fehler nicht erkennen. KI kann die Arbeit der Redakteure erheblich beschleunigen und erleichtern. Die Verwendung ist aber an bestimmte Bedingungen und Vorkenntnisse geknüpft und die menschliche Prüfung des Outputs bleibt unerlässlich.

Literatur

Deilen, S., Lapshinova-Koltunski, E., Hernández Garrido, S., Maaß, C., Hörner, J., Theel, V., & Ziemer, S. (2024). Towards AI-supported Health Communication in Plain Language: Evaluating Intralingual Machine Translation of Medical Texts. In: *Proceedings of the First Workshop on Patient-Oriented Language Processing (CL4Health) @ LREC-COLING 2024*, 44–53, Torino, Italia. ELRA and ICCL.

Stiftung Universität Hildesheim. (2025). KI-GesKom. https://www.uni-hildesheim.de/leichtesprache/forschung-und-projekte/projekte/ki-geskom/. Zugegriffen: 6. Apr. 2025.

Weiterführende Literatur

H&H Communication Lab GmbH. (o. J.). TextLab Sprachsoftware. Die Software für Corporate Language, Tonalität, Sprachklima und Verständlichkeit, https://www.com-lab-ulm.de/textlab-sprachsoftware/. Zugegriffen: 6. Apr. 2025.

Lesbarkeitsindex (o. J.). Überprüfen Sie Ihren Text. https://www.flesch-lesbarkeitsindex.de/. Zugegriffen: 17. Juli 2025.

Lenhard, W., & Lenhard, A. (2014–2022). *Berechnung des Lesbarkeitsindex LIX nach Björnson*. http://www.psychometrica.de/lix.html. Psychometrica. https://doi.org/10.13140/RG.2.1.1512.3447.

Lommel, A. R., Burchardt, A., & Uszkoreit, H. (2014). Multidimensional quality metrics (MQM): A framework for declaring and describing translation quality metrics. *Tradumàtica tecnologies de la traducción, 12*, 455–463.

The MQM Council. (o. J.). MQM (Multidimensional Quality Metrics). https://themqm.org. Zugegriffen: 10. Apr. 2025.

Sinclair, S., & Rockwell, G. (2016): Voyant Tools. Web. http://voyant-tools.org/. Zugegriffen: 6. Apr. 2025.

WORTLIGA Tools GmbH. (o. J.). Text umschreiben. https://wortliga.de/. Zugegriffen: 6. Apr. 2025.

Sarah Ahrens ist wissenschaftliche Mitarbeiterin an der Universität Hildesheim. Sie hat den BA Translation und MA Medientext und Medienübersetzung studiert. Ihre Dissertation hat sie im Rahmen des Promotionskollegs „Chronische Erkrankungen und Gesundheitskompetenz“ (angesiedelt an der Medizinischen Hochschule Hannover) zur Einfachen Sprache für Frauen mit Deutsch als Zweitsprache im Gesundheitsbereich geschrieben. Sie forscht zur verständlichen Gesundheitskommunikation in Einfacher und Leichter Sprache, zur Einfachen Sprache für Menschen mit Deutsch als Zweitsprache sowie zu KI-gestützten intralingualen Übersetzungsprozessen.

Silvana Deilen ist wissenschaftliche Mitarbeiterin am Institut für Übersetzungswissenschaft und Fachkommunikation an der Universität Hildesheim. Im Rahmen ihrer Promotion im interdisziplinären Graduiertenkolleg „Einfach Komplex – Leichte Sprache“ an der Johannes-Gutenberg Universität Mainz hat sie eine Eye-Tracking-Studie zur optischen Gliederung von Komposita in Leichter Sprache durchgeführt. Ihre Forschungsinteresse liegen in den Bereichen inter- und intralinguale maschinelle Übersetzung, Einfache und Leichte Sprache, Fachtextübersetzen und Eye-Tracking.

Ekaterina Lapshinova-Koltunski ist seit 2022 Professorin für mehrsprachige technische Fachkommunikation an der Stiftung Universität Hildesheim. Dort lehrt sie im Bereich der Übersetzungswissenschaft und Fachkommunikation und leitet den Studiengang ‚Internationale Fachkommunikation‘. Zu ihren Forschungsschwerpunkten gehört unter anderem Evaluierung maschineller Übersetzung.

Redaktionsprozesse: Wie beeinflusst KI die Arbeitsweise?

Christiane Maaß, Janina Kröger und Julian Hörner

Zusammenfassung

In diesem Kapitel stellen wir Ihnen vor, wie sich KI auf Redaktionsprozesse auswirkt. Unser Fokus liegt auf dem Übersetzen in Einfache Sprache. Die Informationen sind aber auch für Ihre Redaktionsprozesse mit Leichter Sprache nutzbar. Die Unterschiede sind de facto nicht sehr groß. Wir zeigen Ihnen, für welche Produktionsprozesse man KI einsetzen kann (Abschn. 1). Wir berichten Ihnen auch ganz konkret, wie es bei uns im Verlag gelaufen ist (Abschn. 2). In der zweiten Hälfte des Kapitels gehen wir auf die einzelnen Schritte im Prozess näher ein (Abschn. 3): Was bedeutet es, In-House zu übersetzen oder Externe zu beauftragen (Abschn. 4)? Welche Auswirkungen hat es, wenn Sie einen Ausgangstext haben oder direkt in Einfacher Sprache texten (Abschn. 5)? Was müssen Sie im Pre- und Post-Editing beachten (Abschn. 6 und 7)? Und wie beeinflussen große Textmengen Ihren Prozess (Abschn. 9)? Wir stützen uns bei unseren Ausführungen auf unsere gesammelte Erfahrung: Seit 2023 arbeiten wir im Wort & Bild Verlag mit dem Tool von SUMM AI und haben es mit der Forschungsstelle Leichte Sprache für unseren

C. Maaß
Universität Hildesheim, Hildesheim, Deutschland
E-Mail: maassc@uni-hildesheim.de

J. Kröger · J. Hörner (✉)
Wort & Bild Verlag Konradshöhe GmbH und Co. KG, Baierbrunn, Deutschland
E-Mail: j.hoerner@wubv.de

J. Kröger
E-Mail: j.kroeger@wubv.de

C. Maaß et al. (Hrsg.), *Einfache Sprache mit KI-Tools*,
https://doi.org/10.1007/978-3-658-47867-4_7

Anwendungsfall optimiert. Gemeinsam haben wir aber auch eine kleine Umfrage bei Redaktionen gemacht, die KI für ihre Übersetzungen nutzen. Daraus konnten wir einige Gemeinsamkeiten ableiten (Abschn. 8).

1 Automatisierte Textarbeit: Wie Redaktionen Künstliche Intelligenz nutzen

Künstliche Intelligenz prägt längst viele Redaktionsprozesse. Schon vor der Verbreitung von Large Language Models (LLM) wie ChatGPT seit Ende 2022 nutzten zahlreiche Redaktionen KI-Systeme in ihrer journalistischen Arbeit. Beispiele für den Einsatz von KI entlang der kompletten Wertschöpfungskette eines journalistischen Produkts finden Sie im lesenswerten Working Paper der Hans-Böckler-Stiftung „Künstliche Intelligenz und Beschäftigte im Journalismus". Das Paper beleuchtet den Einsatz von KI im Journalismus aus der Perspektive der Beschäftigten und untersucht, wie Journalistinnen und Journalisten KI-gestützte Werkzeuge wahrnehmen und welche Folgen sie für ihren Arbeitsalltag und ihr Berufsbild erwarten. Den Link zum Herunterladen finden Sie in den ***Literaturangaben*** dieses Kapitels.

▶ Im Großen und Ganzen bedeutet KI-gestützte Medienproduktion: Effizienzsteigerung (mit Risiken und Nebenwirkungen).

Hier stellen wir Ihnen einige Prozesse der redaktionellen Textarbeit vor, in denen KI bereits zum Einsatz kommt. Da sich die Tools rasant entwickeln, ist dies eher eine Momentaufnahme; sie verdeutlicht aber, was geht und in welche Prozesse und Abläufe wir uns mit unseren Übersetzungstools eingliedern. Hier also eine unvollständige Liste:

Assistierte Textproduktion

1. Die KI schlägt prägnante Überschriften, Zwischenüberschriften oder Infokästen vor, um Texte übersichtlicher zu gestalten.
2. Für Online-Publikationen nutzen Redakteure KI, um SEO-Texte wie Title Tags und Meta Descriptions zu erstellen, die die Auffindbarkeit in Suchmaschinen verbessern.
3. KIs wie ChatGPT bieten Textverbesserungen, indem sie auf fehlende Aspekte hinweisen oder lange Texte kürzen, ohne wesentliche Informationen zu verlieren.

4. Auch eine gründliche Stilprüfung oder die Analyse sprachlicher Komplexität gelingt mit Tools wie DeepL Write, der Wolf Schneider KI der Reporterfabrik und anderen. Einige unserer Autoren haben solche Tools auch für dieses Buch verwendet.
5. Bei bestimmten Textarten, etwa Live-Tickern in der Sportberichterstattung, kann die Textproduktion vollständig automatisiert werden.

Recherchehilfe

6. RAG-basierte Systeme wie NotebookLM oder You.com fassen Fachtexte zusammen, übersetzen sie ins Deutsche und bewerten sie. Bei der Retrieval Augmented Generation (RAG) bestimmen Redakteure, welche Datenquellen die KI nutzt, um präzise Antworten zu generieren und KI-Halluzinationen zu minimieren. Man lädt einfach PDFs hoch und fragt die KI: Was steht drin?
7. Diese Systeme helfen auch bei der Aktualisierung von Online-Artikeln. Redakteure können die KI bitten, die Aktualität eines Textes zu prüfen und beispielsweise mit aktuellen medizinischen Leitlinien oder maßgeblichen Verordnungen abzugleichen.

KI-gestützte Sprachverarbeitung

8. KI generiert Audio-Dateien aus geschriebenem Text. Mit KIs wie ElevenLabs lässt sich sogar die Stimme einer realen Person synthetisieren. Diese Vorlesefunktion erhöht den Komfort und die Barrierefreiheit, etwa für Menschen mit Sehbehinderung oder geringer Lesefähigkeit.
9. Automatische Untertitelung ist ein Standard-Feature bei Diensten wie YouTube und Browsern wie Chrome. Eine KI erstellt in Echtzeit Untertitel aus gesprochenem Text.
10. In professionellen Redaktionssystemen spart die automatische Transkription viel Arbeit: Interviews müssen nicht mehr abgetippt werden, und Shownotes von Podcasts entstehen in Minuten.

Diese Beispiele zeigen: KI-Anwendungen durchziehen redaktionelle Prozesse. In diesem Kapitel konzentrieren wir uns im Folgenden auf einen KI-gestützten Ansatz, der komplexe Fachsprache in leicht verständliche Formen der Einfachen Sprache („Leichte Sprache Plus“) überträgt.

2 Sprung ins kalte Wasser: So lief unser Praxistest bei der *Apotheken Umschau*

Bereits seit 2019 beschäftigen wir uns im Wort & Bild Verlag mit dem Thema Einfache Sprache. Wir arbeiten dafür eng mit der Forschungsstelle Leichte Sprache (Universität Hildesheim) zusammen, die für uns zunächst anhand von zehn Texten ein Konzept für Krankheitsratgeber in einer sehr verständlichen Form der Einfachen Sprache („Leichte Sprache Plus“, siehe Kap. Einfache Sprache) entwickelt hat. Daraus hat sich ein umfassendes Übersetzungsprojekt entwickelt, in dem zwischen Herbst 2019 und Frühjahr 2024 etwa 220 Ratgeber zu verschiedenen Gesundheitsthemen entstanden sind. Diese Gesundheitsratgeber finden Sie auf: www.apotheken-umschau.de/einfache-sprache. Die Übersetzerinnen und Übersetzer der Forschungsstelle haben von uns die Ausgangstexte erhalten und diese in sehr verständliche Einfache Sprache übersetzt. Wir haben die Übersetzungen selbst also außer Haus vergeben. Die Übersetzungen wurden immer von zwei Personen bei der Forschungsstelle sprachlich geprüft, bevor sie an uns zur fachlichen Prüfung durch die Wissenschaftsredaktion geschickt wurden. Bis dahin galt also: Sprache außer Haus, fachliche Prüfung In-House. Die Wissenschaftsredaktion hat den Text auf medizinische Korrektheit geprüft und Feedback an die Forschungsstelle gegeben. Nach einer weiteren Überarbeitung durch die Forschungsstelle wurden die Texte dann zur Veröffentlichung an uns übergeben. Der Gesamtprozess – von der Beauftragung des Textes bis zur Veröffentlichung auf der Internetseite – dauerte im Durchschnitt etwa 12 Arbeitsstunden, verteilt auf mehrere Tage.

Das Aufkommen von KI und spezialisierten Übersetzungstools für Einfache Sprache brachte uns auf die Frage, ob man diese Tools auch für unsere Texte nutzen könnte. Deshalb starteten wir im Frühjahr 2024 einen Praxistest, in dem wir die KI von SUMM AI auf Herz und Nieren geprüft haben. Die Kooperation mit SUMM AI selbst begann schon 2023. Die Einfache-Sprache-Prototypen von SUMM AI haben wir in einem gemeinsamen Forschungs- und Entwicklungsprojekt mit dem Namen „KI-GesKom“ und Förderung durch das Ministerium für Wissenschaft und Kultur des Landes Niedersachen zusammen mit der Forschungsstelle und SUMM AI für unsere Gesundheitsratgeber und auf unser Sprachniveau optimiert. Diesen Prozess haben wir im Projekt zusammen wissenschaftlich ausgewertet und dazu auch verschiedene Artikel publiziert. Wenn Sie sich eingehender einlesen wollen, finden Sie einen Link zur Projekthomepage und auch weitere ***Literaturhinweise*** am Ende des Kapitels. Das Team für unseren Praxistest bestand aus zwei Personen aus der Redaktion und zwei Personen aus der Wissenschaftsredaktion, die die Texte KI-gestützt übersetzt und geprüft haben. Die Forschungsstelle hat die automatischen Übersetzungen evaluiert.

Außerdem haben wir Daten zur Veränderung unseres Redaktionsprozesses durch die KI erhoben.

Insgesamt haben wir zwölf Texte mit zwei verschiedenen KI-Modellen getestet. Sechs Texte waren medizinische Ratgeber zu verschiedenen Erkrankungen, wie bspw. PTBS, Lyme-Borreliose oder Magersucht. Sechs weitere Texte waren verschiedene andere Texte zu Themen psychischer Gesundheit und umfassten zum Beispiel Lesestücke über Kinder depressiver Eltern, PTBS nach Kriegserfahrungen und Trans*identität. Die Texte waren bewusst sehr heterogen ausgewählt. Sie waren unterschiedlich lang (rund 2000 bis 20.000 Zeichen) und reichten auch in der Komplexität von alltagsnah bis fachlich. Mit dieser Auswahl wollten wir prüfen, wie die verschiedenen KI-Modelle mit den unterschiedlichen Textsorten und Komplexitätsstufen umgehen und bei welchen sie die besten Ergebnisse liefern. Einige Textbeispiele aus diesem Test finden Sie im Kap. Beispieltexte.

Die Ergebnisse waren zunächst ziemlich ernüchternd. Wir waren überrascht, wie viel Arbeit noch in das Post-Editing investiert werden musste – und wie hoch der Zeitaufwand dafür war. Das Post-Editing dauerte pro Text zwischen eineinhalb und vier Stunden, besonders die medizinischen Ratgeber schlugen dabei mit zweieinhalb bis vier Stunden zu Buche.

Die Texte wurden zunächst als Ganzes in die KI eingegeben und übersetzt, im Anschluss wurde der Text in Word bearbeitet. So konnten wir die Änderungen besser nachverfolgen und bewerten. Die Auswertung der Dokumente hat uns verschiedene Dinge gezeigt:

- Die KI-Übersetzung erreicht das Niveau der Einfachen Sprache. Intern streben wir jedoch das **Niveau Leichte Sprache Plus** an. Die Texte enthielten noch Nebensätze und Passivkonstruktionen, die deshalb manuell ausgebessert wurden.
- **Ein Modell war für die Übersetzung gänzlich ungeeignet.** Die Zieltexte waren sehr schlecht strukturiert und enthielten **inhaltliche Fehler,** da die KI Informationen eigenständig ergänzt hat. Das Post-Editing war durchweg sehr aufwendig, sowohl für die medizinischen Ratgeber als auch für die allgemeinen Lesestücke. Im Post-Editing mussten nämlich alle Informationen nochmal mit dem Ausgangstext abgeglichen werden, um Halluzinationen zu erkennen. Das lag vor allem an der Fragestruktur unserer Zwischenüberschriften. Diese hat die KI immer erst beantwortet, bevor sie den Text übersetzt hat (siehe Abschn. 3 im Kap. Beispieltexte).
- **Je länger und strukturell komplexer der Text, desto länger dauert das Post-Editing.** Lange Texte haben besonders schlecht performt, da die Textebene in der KI-Übersetzung auseinandergebrochen ist – unabhängig vom Modell. Die Texte enthielten dann besonders viele Wiederholungen und keine

Kohärenz – die Inhalte sind thematisch hin und her gesprungen und es gab keine logische Entfaltung des Textthemas. Das musste im Post-Editing aufwendig nachgeholt werden.

- **Die Ausgangstexte waren mitunter sehr lang und deshalb wurden auch die Übersetzungen sehr lang.** Diese Textlänge ist nicht funktional für die angestrebte Zielgruppe der Übersetzungen: Die Zieltexte sind in Leichter Sprache Plus gehalten und somit ziemlich leicht. Das geht auch mit einer reduzierten Informationsauswahl einher. Im Post-Editing war vor allem die Frage nach der Relevanz der Inhalte wichtig: Die KI hat weniger zentrale Inhalte auch übersetzt und diesen dann im Verhältnis mehr Gewicht verliehen. Darunter hat die Ausgewogenheit der Information stark gelitten.
- Die Lesestücke zeigten etwas andere Probleme im Post-Editing. Hier wurden mitunter **Zitate verfälscht** und den Zitatgebern falsche Worte in den Mund gelegt. Eine Publikation hätte hier definitiv eine erneute Freigabeschleife erfordert, was sich wiederum auf den Zeitaufwand auswirkt.
- Die **Schulung** der beteiligten Redaktionsmitglieder in Leichte Sprache Plus war nicht ausreichend für das Post-Editing. Das beteiligte Team zeigte Unsicherheit, welche Textpassagen angepasst werden müssen, um den Anforderungen an unsere Texte zu genügen.

Wir haben auf Basis dieses Testlaufes einen Workflow entwickelt, den Sie in Abb. 1 sehen können.

Die zuständige Redakteurin bereitet als erstes den Ausgangstext im Pre-Editing für die Übersetzung vor. Diesen Schritt haben wir hauptsächlich für besonders lange und komplexe Texte ergänzt, damit wir weniger strukturelle Probleme in den Übersetzungen haben. Eine KI (in unserem Fall Mistral) strukturiert den Text zunächst nach unseren Anforderungen und kürzt ihn dabei auch. Diese Version wird dann mit der SUMM KI in Einfache Sprache übersetzt und im Post-Editing durch die Redakteure weiter sprachlich geputzt. Während der ersten Monate wurden die Texte auch noch In-House durch eine erfahrene Einfache-Sprache-Übersetzerin sprachlich geprüft. Damit wollten wir nicht nur die Qualität sicherstellen, sondern auch den Kompetenzerwerb des Teams unterstützen. Strukturiertes Feedback auf die post-editierte Version ist dafür zentral. Im nächsten Schritt werden die Texte fachlich durch die Wissenschaftsredaktion geprüft und für die Publikation auf der Homepage vorbereitet.

Der Workflow war und ist mit einem kontinuierlichen Lernprozess verbunden. Wir mussten erst herausfinden, wie wir bspw. die Texte in die KI eingeben müssen, um das beste Ergebnis herauszuholen. Bei uns kommt das beste Ergebnis zustande, wenn wir die Texte abschnittsweise durch die KI übersetzen lassen.

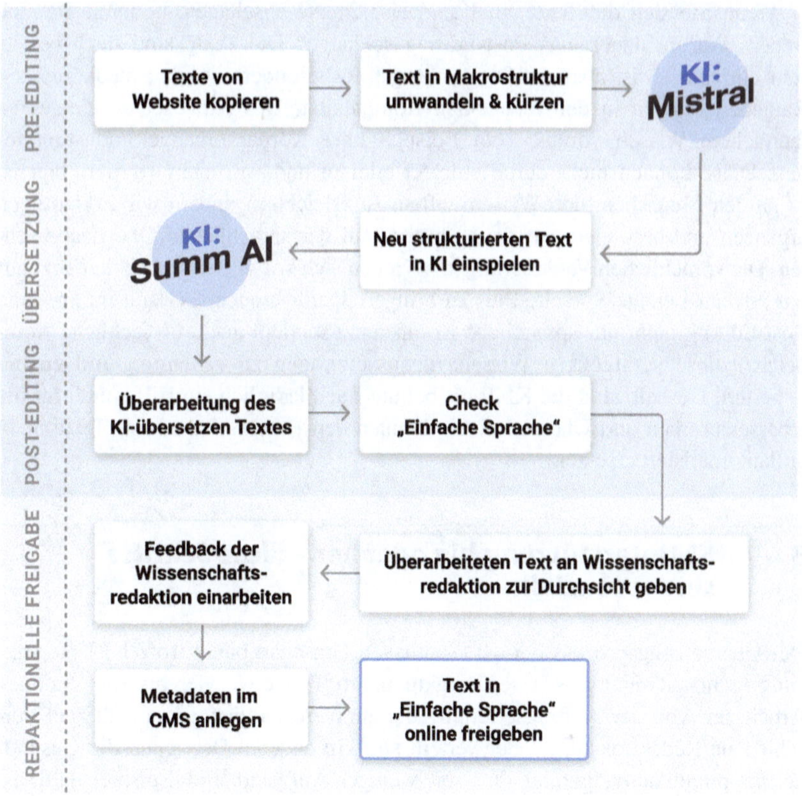

Abb. 1 Workflow zur KI-gestützten Übersetzung von Gesundheitsratgebern in Einfache Sprache. (Eigene Darstellung)

Der Zeitaufwand für die Übersetzung hat sich damit bei uns deutlich verkürzt. Mithilfe der verschiedenen KI-Tools schaffen wir es aktuell, die Übersetzung eines Ausgangstexts in Leichte Sprache Plus in etwa vier bis fünf Stunden zu erstellen. Zwar verteilt sich die Zeit auch auf mehrere Arbeitstage, da auch Kolleginnen und Kollegen in anderen Abteilungen wie der Bildredaktion und der Wissenschaftsredaktion beteiligt sind, dennoch können wir nun deutlich schneller und flexibler agieren: **Wir sparen gegenüber dem früheren Workflow fast zwei Drittel der Zeit ein.**

Wenn Sie sich die Texte im Kap. Beispieltexte anschauen, könnten Sie sich fragen: Warum dauert das Post-Editing so lange? Die Texte sind doch bereits sehr einfach. Es ist aber so: Die Probleme, insbesondere bei den medizinischen Ratgebern, liegen in der versteckten Komplexität. Die Texte setzen einiges an fachlichem Wissen voraus, zum Beispiel über Körpervorgänge und -funktionen. Diese können nicht durch eine KI erkannt und verringert werden, hier ist es an den Menschen, den Wissensaufbau zu erleichtern, indem wir Erklärungen ergänzen und besonders auf die Kohärenz auf der sprachlichen Oberfläche achten. Die sprachlichen Veränderungen beziehen sich vor allem darauf, den Text auf das Niveau Leichte Sprache Plus zu bringen. Dafür braucht es dann im Pre- und Post-Editing nicht nur sprachliche Kompetenz, sondern auch die fachliche Kompetenz, diese **versteckten Wissensvoraussetzungen zu erkennen und zu bearbeiten.** Deshalb sind die KI-Tools bei uns auch lediglich ein Hilfsmittel für die Übersetzerinnen und Übersetzer. Sie können den Prozess für unsere Texte nicht vollautomatisiert ersetzen.

3 KI-Unterstützung hin oder her – diese Schritte sind essenziell

Der Übersetzungsprozess bei der Apotheken Umschau bleibt trotz KI-Unterstützung recht aufwendig: Wir setzen aktuell pro Text etwa vier bis fünf Stunden Arbeitszeit von der Auftragserteilung bis zur Veröffentlichung ein, die auf verschiedene Redaktionsmitglieder verteilt sind. In anderen Bereichen der Gesundheitskommunikation gelingt dies mit weniger Aufwand. Ein Beispiel dafür ist der Übersetzungsprozess bei VIER400. Dabei handelt es sich um einen KI-gestützten Gesundheitsnavigator, der als integraler Bestandteil der Betrieblichen Gesundheitsförderung die Gesundheitskompetenz von Unternehmensmitarbeiterinnen und -mitarbeitern verbessern soll. VIER400 ist ein Produkt der Berlin Health Media, einer Tochter des Wort & Bild Verlags, der auch die Apotheken Umschau herausgibt, wo sich unser Projekt ansiedelt. Der Übersetzungsprozess bei VIER400 zeigt, dass man auch mit weniger Aufwand auskommen kann:

Im Frühjahr 2024 führten die Kolleginnen einen Praxistest mit denselben KI-Modellen durch wie die Apotheken Umschau. Das Ergebnis: Sie benötigen durchschnittlich 20 bis 30 min pro Text für Post-Editing und medizinische Prüfung.

Die Ausgangstexte bei VIER400 sind in der Regel nur 1000 Zeichen lang, was der KI die Arbeit erleichtert. Zudem entspricht das angestrebte Sprachniveau der DIN-Norm für Einfache Sprache (mehr dazu im Kap. Einfache Sprache), nicht der Leichten Sprachen Plus wie bei der Apotheken Umschau, was den Aufwand beim Post-Editing weiter reduziert.

> So können Sie größere Textmengen mit geringerem Aufwand übersetzen:
> - Ihre Ausgangstexte sind kurz und gut strukturiert.
> - Sie erstellen Texte in Einfacher Sprache, anstatt besonders leicht verständliche Texte in Leichter Sprache Plus oder Leichter Sprache.

Ein weiterer Grund für den höheren Aufwand bei der Apotheken Umschau: Wir investieren viel in den Wissensaufbau. Wir ergänzen zum Beispiel mehr Informationen zu körperlichen Vorgängen, die der Ausgangstext nicht enthält. Wenn man hier weniger tief in die Texte eingreift, zeigt sich besonders deutlich: KI spart massiv Zeit. Die Tools ermöglichen es, Übersetzungen in Einfache Sprache zu skalieren und auf das gesamte redaktionelle Angebot eines Produkts auszuweiten.

Wenn Sie Ihren Redaktionsprozess intern abbilden möchten, gibt es Schritte, die Sie in jedem Fall tun müssen. Egal, welches KI-Tool Sie nutzen – die Grundprinzipien bleiben gleich. Schreiben Sie in Einfacher oder Leichter Sprache? Oder vielleicht in Leichter Sprache Plus? Übersetzen Sie bestehende Texte oder erstellen Sie neue, verständlichkeitsoptimierte Inhalte mit KI? Die in Abb. 5 Interner Workflow vorgestellten Schritte sind stets erforderlich:

1. Bevor Sie mit der Übersetzung beginnen, wählen Sie das Thema und den Text aus, den Sie übersetzen möchten. In manchen Fällen kann es sinnvoll sein, die Zielgruppe – zum Beispiel Patientenvertretung – in die **Textplanung** bzw. die Auswahl der zu übersetzenden Texte einzubeziehen.
2. Denken Sie auch daran, **frühzeitig** barrierefreie **Grafiken und Bilder** zu **beauftragen,** um der Bildredaktion oder ihren Grafikern genügend Zeit zu geben. Insbesondere wenn Sie Bilder extern beauftragen müssen, sollten Sie hierfür genug Zeit einplanen. So vermeiden Sie Verzögerungen, wenn der Text fertig ist.
3. Möglicherweise müssen Sie den Text dann zunächst zusammenfassen, strukturieren oder kürzen, damit er für die KI-gestützte Übersetzung geeignet ist. Dieses **Pre-Editing** können Sie manuell oder mit KI-Unterstützung durchführen, um Zeit zu sparen.
4. Anschließend **übersetzen** Sie den Text mit dem gewählten KI-Tool. Wie Sie hier konkret vorgehen, hängt stark vom jeweiligen Tool ab.
5. Danach muss der KI-Output in der Regel bearbeitet werden **(Post-Editing).** Oft reicht ein leichtes Eingreifen **(Light Post-Editing),** um die gewünschte

Qualität zu erreichen. In manchen Fällen ist aber auch ein intensives Eingreifen nötig **(Full Post-Editing).**

6. Die **sprachliche Prüfung** kann Teil des Post-Editings sein oder im Vier-Augen-Prinzip mit Kollegen erfolgen. Dabei ist Feedback aus der Zielgruppe wertvoll, um den Text sprachlich weiter zu optimieren.
7. Bei komplexen Texten, etwa in Technik, Medizin oder Recht, kann eine **inhaltliche Expertenprüfung** erforderlich sein. Diese erfolgt durch interne oder externe Fachleute.
8. Nach der Einarbeitung aller Anmerkungen bereiten Sie den **Text im Redaktionssystem** für die Veröffentlichung vor. Sie platzieren die beauftragten Bilder und fügen bei Online-Veröffentlichungen Alternativtexte für Menschen mit einer Sehbeeinträchtigung hinzu. Je nach Medium sind weitere Schritte nötig, wie das Layout für Print herzustellen oder Title Tag und Meta Description für Online-Inhalte zu erstellen.
9. Nun ist der Artikel bereit für die **Veröffentlichung** und kann in Druck oder online gehen.

Natürlich müssen Sie diese Schritte auf Ihre eigenen Workflows und Ihr Produkt anpassen. In den folgenden Abschnitten legen wir Ihnen wichtige Fragen vor, die Ihnen dabei helfen sollen.

4 In-House oder nicht?

Im Kap. Auf einen Blick haben wir den Entscheidungsbaum vorgestellt, der Ihnen hilft zu entscheiden: Erstellen Sie die verständlichkeitsoptimierten Texte selbst oder beauftragen Sie einen Dienstleister? Die Grafik dazu finden Sie hier: Abb. 2 Entscheidungsbaum: interner oder externer Prozess. In diesem Kapitel erläutern wir die einzelnen Schritte genauer und berichten von möglichen Herausforderungen. Ob Sie einen Dienstleister beauftragen oder Texte intern erstellen, hat jeweils Vor- und Nachteile. Schauen wir uns die strategischen Implikationen dieser **Make-or-Buy-Entscheidung** an:

Entscheiden Sie sich für einen **externen Dienstleister (Buy),** wählen Sie ein Übersetzungsbüro, das Ihren Anforderungen entspricht. Klären Sie im Vorfeld:

- Was kostet eine übersetzte Seite?
- Entspricht die Qualität Ihren sprachlichen und inhaltlichen Ansprüchen?
- Wie schnell erfolgt die Lieferung?
- Wie viele Übersetzungen kann der Dienstleister monatlich liefern?

Alle von uns befragten Unternehmen führen ihre Übersetzungen in Leichte und Einfache Sprache In-House aus. Bei der Leichten Sprache gibt es aber auch die Konstellation, dass zusätzlich externe Dienstleister mit Übersetzung und Post-Editing beauftragt werden. Mehr dazu finden Sie in Abschn. 8 dieses Kapitels.

Auch bei ausgelagerten Übersetzungen bleibt die Qualitätssicherung in der Verantwortung Ihrer Redaktion. Interne Mitarbeiter übernehmen die Kommunikation mit dem Dienstleister, erteilen Aufträge und prüfen die Ergebnisse. Dazu müssen sie die Prinzipien barrierefreier Inhalte und die Regeln der Einfachen bzw. Leichten Sprache kennen, um die Übersetzungen fundiert zu bewerten.

Ein Vorteil der Zusammenarbeit mit einem Dienstleister ist dessen Spezialisierung und Erfahrung, die schnell qualitativ hochwertige Ergebnisse ermöglicht. Zudem entlasten Sie interne Ressourcen, da der Prozess extern läuft. Allerdings entstehen höhere Kosten, und Sie haben weniger Kontrolle über Qualität und die Einhaltung spezifischer redaktioneller Vorgaben. Eine langfristige Abhängigkeit von einem externen Partner kann problematisch werden.

Entscheiden Sie sich für einen **In-House-Prozess (Make),** prüfen Sie, ob Ihre Redaktion die Kompetenz hat, Texte in Einfacher oder Leichter Sprache zu erstellen. Ist dies nicht der Fall, überlegen Sie, ob Sie diese Fähigkeit aufbauen möchten, etwa durch Schulungen oder die Einstellung spezialisierter Mitarbeiter bzw. Mitarbeiterinnen. In unserer Umfrage hat sich gezeigt, dass in allen beteiligten Redaktionen die Kompetenz in Leichter bzw. Einfacher Sprache eine der größten Baustellen im Prozess ist. Hier muss investiert werden, wenn das Projekt gut gelingen soll.

Ein wesentlicher Vorteil des internen Ansatzes ist die vollständige Kontrolle über Inhalte und Prozesse. Langfristig sparen Sie Kosten, da keine wiederkehrenden Dienstleistungskosten anfallen. Ihre Redaktion profitiert von einem tiefen Verständnis für Zielgruppen und Inhalte. Allerdings ist diese Option ressourcen- und zeitintensiv und erfordert Engagement beim Aufbau der neuen Kompetenz.

▶ Der interne Prozess bindet Ihre Mitarbeiter, daher müssen Sie die Kapazitätsgrenzen im Blick behalten bzw. in Ihrem Unternehmen oder Ihrer Organisation deutlich signalisieren, dass es die Null-Effort-Option auch mit KI nicht gibt.

Sie werden also nicht einfach zusätzlich per Knopfdruck Texte in Einfacher oder Leichter Sprache in veröffentlichungsreifer Qualität produzieren. Die beteiligten Unternehmen haben uns in der Umfrage übereinstimmend mitgeteilt, dass in ihren Organisationen zunächst unrealistisch große Hoffnungen auf Effizienzsteigerung durch die KI bestanden. Während der Umsetzung stellten sich dann aber realistischere Erwartungen ein.

Unabhängig von der Entscheidung gilt: Barrierefreie Inhalte erfordern mehr als nur die Texterstellung. Binden Sie Kollegen aus zuarbeitenden Abteilungen ein, um ein passendes Layout, durchdachte Bebilderung und barrierefreies Webdesign zu gewährleisten. In unserer Umfrage war dies bei den teilnehmenden Unternehmen bzw. Organisationen allerdings noch kaum der Fall; hier lag die Last fast ausschließlich bei den Textexpertinnen und -experten. Unserer Erfahrung nach wirkt sich eine Beteiligung weiterer Expertengruppen sehr positiv auf das Gesamtergebnis aus, beispielsweise wenn Ihre Grafik-Experten auf die Zielgruppe angepasste Visualisierungen herstellen.

Möchten Sie die Kompetenz für barrierefreie Inhalte langfristig in Ihrer Redaktion aufbauen, sollten Sie daran denken, das Wissen nachhaltig zu dokumentieren. Ihre geschulten oder neu eingestellten Spezialistinnen oder Spezialisten können dann als Multiplikatoren agieren und ihr Wissen kontinuierlich in das Unternehmen, die Behörde einbringen.

Übersicht

Ihre Entscheidung hängt von Ihrer Situation und Ihren Anforderungen ab:

Ist Ihr Bedarf an Texten in Einfacher oder Leichter Sprache gering oder muss schnell erledigt werden, könnte ein externer Dienstleister effizienter sein. In unserer Umfrage kommt dies bei den Angeboten in Leichter Sprache und eher nicht bei Einfacher Sprache vor.

Planen Sie jedoch, dauerhaft verständlichkeitsoptimierte Inhalte zu erstellen, lohnt sich die Investition in einen In-House-Prozess, da er langfristig mehr Flexibilität und Kostenkontrolle bietet. Alle an der Umfrage beteiligten Redaktionen haben einen In-House-Prozess aufgesetzt, manche parallel zur externen Vergabe.

Auch eine hybride Lösung kann sinnvoll sein: Ein externer Dienstleister unterstützt zunächst bei der Übersetzung, während Sie parallel intern die Expertise für verständlichkeitsoptimierte Texte aufbauen. So haben wir es bei der Apotheken Umschau gemacht.

Diese Abwägung finden Sie hier noch einmal kondensiert in der Tab. 1.

Tab. 1 Vor- und Nachteile Make-or-Buy-Entscheidung. (Eigene Darstellung)

	Externe Dienstleister	In-House-Prozess
Vorteile	Spezialisierung und Erfahrung	Interne Kontrolle und Anpassung an spezifische Vorgaben
	Schnelle Umsetzung	Langfristig kosteneffizient nach initialer Investition
	Geringe Belastung interner Ressourcen	Fachliches Verständnis der Inhalte und Zielgruppen
Nachteile	Höhere Kosten	Ressourcen- und zeitintensiv, besonders zu Beginn
	Weniger Kontrolle über Qualität und Prozesse	Langsamere Umsetzung in der Anfangsphase
	Abhängigkeit von externem Anbieter	Kapazitätsgrenzen bei hohem Bedarf
Empfehlung	Ideal bei kurzfristigem oder begrenztem Bedarf	Ideal bei langfristigem und umfangreichem Bedarf
	Hybride Lösung: Initiale Unterstützung durch Dienstleister und paralleler Aufbau interner Expertise möglich	

5 Ausgangstext vorhanden?

Generell gibt es verschiedene Wege, wie man zu Texten in Leichter und Einfacher Sprache gelangen kann. Eine grundlegende Frage ist: Übersetzen Sie bestehende Ausgangstexte oder erstellen Sie ein neues redaktionelles Angebot direkt in Leichter oder Einfacher Sprache? Letzteres ist vor allem für die Einfache Sprache sinnvoll. Wenn Sie fachliche Inhalte an Nicht-Fachleute richten, ist Einfache Sprache häufig das Mittel der Wahl und natürlich können sie dann direkt lostexten. Im Kap. Künstliche Intelligenz finden Sie Hinweise zur Funktionsweise der verschiedenen Tools zur Textvereinfachung.

Leichte Sprache ist dagegen immer ein Zusatzangebot. Sie werden im Regelfall eher nicht Ihre ganze Webseite direkt in Leichter Sprache anbieten. Dies hat nämlich Nachteile: Leichte Sprache ist für Nutzerinnen und Nutzer ohne Kommunikationsbehinderung meist nicht akzeptabel (mehr dazu in Kap. Einfache Sprache).

Texte in Leichter Sprache sind deshalb sehr oft Übersetzungen. Auch bei der Einfachen Sprache gehen sie häufig von einem zu fachlichen Ausgangstext aus, den Sie mit KI übersetzen.

Wenn Sie keinen Ausgangstext haben, können Sie eine Chatbot-KI einsetzen und sie über Prompting einen Text erstellen lassen. Diesen müssen Sie im Anschluss evaluieren. Entspricht das Ergebnis schon weitgehend Ihren Qualitätsanforderungen, kommen Sie mit reduziertem Post-Editing **(Light Post-Editing)** aus. Andernfalls müssen Sie nochmal ordentlich ran **(Full Post-Editing).** Werfen Sie einen Blick auf Abb. 3 **Entscheidungsbaum zur Auswahl und zum Umgang mit dem KI-Tool**, um diese Zusammenhänge grafisch veranschaulicht zu sehen.

Sie können eine Chatbot-KI aber auch einsetzen, um für eine Übersetzung auf der Wortebene Erklärungen erstellen zu lassen. Die Kombination mehrerer Tools hat sich in unserem Redaktionsprozess bewährt. Prüfen Sie also mehrere Tools durch und schauen Sie, ob Sie möglicherweise Teilaufgaben mit einem je anderen Tool ausführen sollten. Eine Entscheidungshilfe dafür finden Sie in: Abb. 4 Entscheidungsbaum: Kann KI für die Übersetzung zum Einsatz kommen?

Wenn Sie ausgehend von einem Ausgangstext übersetzen, so prüfen Sie zunächst, ob dieser überhaupt direkt als Vorlage für eine Einfache- oder Leichte-Sprache-Fassung taugt. Wenn dies nicht der Fall ist, müssen Sie ein Pre-Editing ausführen; mehr dazu im nächsten Abschnitt. Ist ein Pre-Editing nicht möglich oder zu umständlich, so werden Sie den betreffenden Text eher nicht mit KI übersetzen können, weil das Ergebnis nicht befriedigend ausfallen wird.

Ist Ihr Ausgangstext für eine Übersetzung mit KI geeignet, dann geht es an die Auswahl des passenden Tools. Sie können ein frei zugängliches großes Sprachmodell verwenden, wie bspw. ChatGPT, Gemini und andere. Hier müssen Sie der KI über Prompts erst einmal klarmachen, dass Sie damit Texte in ein anderes Sprachniveau übertragen wollen. Es empfiehlt sich, hierfür einen GPT Bot zu erstellen. Es gibt sie mittlerweile auch vorgefertigt. Näheres finden Sie in Kap. Künstliche Intelligenz. Sie können auch ein spezialisiertes Übersetzungstool als CAT-Tool einsetzen. So sind wir in unserem Projekt vorgegangen. Eine Einschätzung zu Tools finden Sie in Kap. Bewertung.

6 Pre-Editing oder nicht?

In unserem Testlauf haben lange Texte besonders schlecht performt, da die Textebene in der KI-Übersetzung auseinandergebrochen ist. Die Texte enthielten dann besonders viele Wiederholungen und wenig Kohärenz – die Inhalte sind thematisch hin und her gesprungen und es gab keine logische Entfaltung des Textthemas. Das musste im Post-Editing aufwendig nachgeholt werden. Außerdem hat sich gezeigt, dass die Frage nach einer Gewichtung der Inhalte in der KI-Übersetzung von Bedeutung ist: Die KI hat weniger zentrale Inhalte auch übersetzt und diesen dann im Verhältnis mehr Gewicht verliehen. Darunter hat die Ausgewogenheit der Information stark gelitten.

▶ Je länger und strukturell komplexer der Text, desto länger dauert das Post-Editing.

In solchen Fällen lohnt es sich, über ein Pre-Editing der Texte nachzudenken. In unserer Umfrage zeigte sich, dass Pre-Editing bei Leichter Sprache standardmäßig zum Einsatz kommt. Bei Einfacher Sprache kommt Pre-Editing eher selten vor.

Das Pre-Editing ist eine Möglichkeit, den bestehenden Ausgangstext anzupassen und ihn für die Übersetzung durch die KI vorzubereiten. Das kann verschiedene Dinge umfassen:

- Sie können den Ausgangstext auf eine gewünschte Zeichenzahl einkürzen.
- Sie können die für die Textfunktion und Adressatinnen relevanten Inhalte auswählen.
- Sie können den Ausgangstext neu strukturieren, wenn ihre Übersetzung eine spezifische Struktur erfordert.

Das Pre-Editing können Sie dann entweder allein oder mit KI-Unterstützung durchführen. Wichtig: Falls Sie eine KI verwenden, müssen Sie sehr genau wissen, was Sie tun möchten und es der KI in Form von spezifischen Prompts mitteilen. Sie müssen vielleicht ein bisschen herumprobieren, bis Sie den/die passenden Prompt(s) gefunden haben. Und beachten Sie auch, dass nicht alle LLM gut zählen können. Prompts wie "Kürze den Text auf 5000 Zeichen" funktionieren also (bisher) nur bedingt und mit wechselndem Erfolg. Davon abgesehen macht eine Kürzung auf eine konkrete Zeichenzahl oft im Pre-Editing wenig Sinn. Diese erfolgt meist manuell im Post-Editing, wenn Sie auch die notwendigen Erklärungen eingefügt haben.

Bevor Sie das Pre-Editing beginnen, sollten Sie sich einiger grundlegender Dinge bewusst werden:

- Für wen ist Ihre Übersetzung? Wer ist die Zielgruppe?
- Welches Wissen über den Gegenstand und verwandte Konzepte können Sie als bekannt voraussetzen? Sind Ihre Leser mit dem Diskurs vertraut?
- Soll der Text den Gegenstand von Grund auf erklären oder setzt der Text auf einer höheren Stufe an?

- Welchen Umfang (Zeichen oder Seiten) soll der Text haben?
- Welche Vorgaben haben Sie vielleicht durch Ihr Redaktionssystem?

Übrigens: Es gibt eine DIN zum übersetzungsgerechten Schreiben (DIN 8579), die nützliche Hinweise auch für das Pre-Editing enthält. Die DIN enthält zum Beispiel Informationen zur übersetzungsgerechten Formatierung, zur Grammatik und Syntax sowie zur Terminologie. Sie gibt außerdem Hinweise zur Bewertung eines Textes für die Übersetzung.

Wenn Sie sich der Rahmenbedingungen bewusst sind und diese abgesteckt haben, können Sie den Einfache-Sprache-Text bzw. die Übersetzung planen. Das Pre-Editing zielt darauf ab, den Ausgangstext auf diese Rahmenbedingungen hin zu prüfen und falls notwendig anzupassen. Dabei geht es also nicht um die Sprache, sondern um den Inhalt der Übersetzung.

▶ Das Pre-Editing zielt auf den Inhalt des Textes ab, nicht die Sprache.

Wenn Sie das Pre-Editing von oder mithilfe einer KI durchführen (lassen), müssen Sie nun die Prompts formulieren. So geben Sie der KI einen möglichst genauen (!) Arbeitsauftrag. Es gibt verschiedene Strategien für das Prompting. Ausführlich gehen wir darauf weiter vorn im Kap. Künstliche Intelligenz ein. Welche für Ihren Fall am besten funktioniert, müssen Sie vermutlich durch einfaches Ausprobieren herausfinden.

Wir haben Ihnen hier aber einige Tipps und Tricks zusammengestellt, die Ihnen den Einstieg etwas erleichtern sollen:

- Geben Sie der KI **Kontext.** Sagen Sie ihr, wer oder was sie ist. Zum Beispiel: „Du bist ein Übersetzer für Einfache Sprache mit 10 Jahren Berufserfahrung." Oder: „Du bist ein Tool für maschinelle Übersetzung."
- Definieren Sie die Aufgabe möglichst genau. Sagen Sie der KI, was sie tun soll. Zum Beispiel: „Strukturiere den Text zum Thema Fieber nach folgendem Muster."
- Geben Sie der KI Anweisung, ob der Text gekürzt werden soll oder nicht.
- Sie können der KI auch die Zwischenschritte vorgeben, die sie durchführen soll.
- Geben Sie der KI ein oder mehrere Beispiele. Die Beispiele zeigen der KI sehr genau, was Sie von dem Text erwarten.
- Wenn Sie verschiedene Prompts ausprobieren, können Sie auch für Formulierungen eine KI benutzen. Sie benutzen die KI dann quasi auf der Meta-Ebene, um einen Prompt zu entwickeln. Geben Sie der KI auch dafür möglichst viele Informationen und bitten Sie sie, einen oder mehrere Prompts zu entwickeln.

Weitere nützliche Hinweise zum Prompting finden Sie auch im Kap. Künstliche Intelligenz.

7 Full oder Light Post-Editing?

Wenn Sie schließlich Ihre KI-generierte Übersetzung vor sich haben, ist in der Regel eine Form des Post-Editings notwendig. Alle Redaktionen, die an unserer Umfrage teilgenommen haben, führen ein Post-Editing durch. Auch hier sollten Sie sich immer davon leiten lassen, wen Sie mit Ihrem Text adressieren und welche Funktion der Text erfüllen soll. Aufgaben, die im Post-Editing anfallen, umfassen zum Beispiel:

- Leichte oder umfangreiche Anpassungen der Sprache, bspw. Satzgefüge auflösen, Passiv umwandeln, Handlungsträger nennen. **Tipp:** Legen Sie am besten im Vorfeld einen internen Style Guide für Ihre Einfache-Sprache-Texte an, in dem Sie festhalten, an welchen Regeln Sie sich orientieren.
- Erklärungen einfügen. Bei diesem Schritt kann eine Terminologie-Datenbank hilfreich sein, entweder direkt im KI-Tool oder in anderer Form.
- Inhaltliche Kohärenz und Themenentwicklung prüfen. Folgt der Text einer logischen Struktur? Gibt es thematische Sprünge oder Brüche in der Argumentation?

In manchen Fällen werden Sie mit einem Light Post-Editing schon viel erreichen können. Das gilt insbesondere dann, wenn Ihre Ausgangstexte sehr kurz sind und auf bekanntes Wissen oder Diskurse verweisen oder wenn Sie ein Tool verwenden, das speziell auf Ihre Textsorte angepasst wurde. Sind die Texte hingegen länger, komplex strukturiert oder verweisen auf fachliche Diskurse bzw. Fachwissen, ist das Post-Editing meist umfangreicher.

Die DIN ISO 18587 gibt Hinweise für das Post-Editieren maschineller Übersetzungen. Sie definiert Ziele des Prozesses, Anforderungen an das Ergebnis und die Aufgaben der Person, die das Post-Editing durchführt.

8 Bei Redaktionen nachgefragt: Wie machen es die anderen?

In diesem Abschnitt haben wir für Sie noch einmal die Ergebnisse unserer kleinen Umfrage zusammengefasst, auf die wir in diesem Kapitel schon mehrfach verwiesen haben. Wir glauben, dass Ihnen die Erfahrungen der anderen dabei helfen können, den Aufwand und Umsetzungsweg für Ihre Redaktion realistisch einzuschätzen. Hier also das, was uns die Kolleginnen und Kollegen mitgeteilt haben:

Alle befragten Redaktionen führen ein Post-Editing durch. Pre-Editing ist bei denjenigen Redaktionen ausgeprägter vorhanden, die Textangebote in Leichter Sprache erstellen. Das ist nachvollziehbar, weil die Texteingriffe tiefer sind.

Die meisten befragten Redaktionen geben an, dass die mangelnde Expertise der Redakteure zum Thema Leichte und Einfache Sprache ein größeres Hindernis bei der Einführung der KI-gestützten Übersetzung war.

Mangelnde Akzeptanz von KI in ihrer Organisation bzw. ihrem Unternehmen gab es bei keiner der befragten Redaktionen. Auch waren die KI-Anwendungen überwiegend gut bis sehr gut in die bestehenden Abläufe im Haus zu integrieren. Keine der Redaktionen berichtet von negativen Rückläufen durch die Zielleserschaft. Dagegen berichten fast alle von überhöhten Erwartungen ihrer Vorgesetzten an den Effizienzgewinn durch den Einsatz von KI.

War die KI einmal in den Prozess integriert, so gab es bei keiner der befragten Redaktionen größere Probleme mit der Qualität der KI-generierten Übersetzungen. Die Akzeptanz in den Redaktionen und im Unternehmen bzw. der Organisation insgesamt war überall gegeben. Auch die Passung mit den Abläufen im Haus wurde überwiegend positiv bewertet. Und sogar die Erwartungen an den Effizienzgewinn im jeweiligen Haus passten sich an die Realität an.

Allerdings blieb das Problem mit der Kompetenz zum Thema Leichte und Einfache Sprache der beteiligten Redakteure bestehen. Auch dies ist plausibel: Nur wenn man sich mit diesen Varianten des Deutschen auskennt, kann man die Ergebnisse der KI gut evaluieren.

Fachredaktionen sind multiprofessionelle Teams. In den von uns befragten Redaktionen waren teilweise Fachexperten (konkret: Mediziner) in die Prozesse involviert, allerdings in maximal mittlerem Umfang. Nur in einem Fall war auch die IT-Abteilung involviert, konkret die Front/Backend-Designer in mittlerem Umfang und die Webdesigner und Admins in geringem Umfang. Die anderen Redaktionen kamen ohne Beteiligung ihrer IT-Abteilungen aus.

Die tatsächliche Umsetzung führten überall die Textexpertinnen und Textexperten der beteiligten Redaktionen aus: Übersetzerinnen, Redakteure, Journalistinnen.

In den befragten Redaktionen sind alle beteiligten Personen im jeweiligen Unternehmen bzw. der Organisation fest angestellt. Die Textauswahl, das Pre-Editing und der Faktencheck werden bei ihnen ausschließlich In-House ausgeführt. Das Verfassen der Ausgangstexte, das Übersetzen in Leichte und Einfache Sprache sowie das Post-Editing werden ebenfalls überwiegend In-House ausgeführt, einige beauftragen hierfür teilweise zusätzlich externe Dienstleister.

9 Wie viele Texte? Was Sie beim Grad der Automatisierung beachten sollten

KI steigert die Effizienz beim Übersetzen in Einfache Sprache erheblich. Erstmals wird es wirtschaftlich interessant, Texte verständlicher zu machen, um neue Zielgruppen zu erreichen oder bestehende besser anzusprechen. Bisher optimieren die meisten Verlage oft nur einzelne Texte auf Verständlichkeit. Websites mit umfassend verständlichen Inhalten sind im Internet global gesehen noch selten, doch das ändert sich langsam.

Für große Textmengen bleibt der vorgestellte redaktionelle Workflow jedoch zu aufwendig. Der Bedarf ist enorm, besonders im medizinischen Bereich: Entlassbriefe, Patientenaufklärungsbögen, Beschreibungen von 10.000 pharmazeutischen Wirkstoffen und deren Wechselwirkungen für Medikationsanalysen oder Sprechzettel für medizinisches Personal. Ein beeindruckendes Beispiel hierfür liefert das gemeinnützige Unternehmen „Was hab' ich?". Nach neunjähriger Arbeit von 2016 bis 2025 hat es die enorme Aufgabe abgeschlossen, verständliche Erläuterungen für alle rund 14.300 offiziellen Codes zu erstellen, mit denen medizinische Diagnosen international klassifiziert werden (ICD-Codes).

Bislang ungelöste Probleme bei großen Textmengen sind das Post-Editing und die Qualitätssicherung. Der Übersetzungsprozess lässt sich derzeit nicht vollständig automatisieren. In Bereichen wie Gesundheitsinformationen könnte dies unerreichbar bleiben. Gesundheitsratgeber enthalten sicherheitsrelevante Informationen, bei denen Fehler nicht tolerierbar sind. Falsche oder ungenaue Angaben können Leben gefährden.

Selbst bei nur 20 Minuten Post-Editing und Qualitätssicherung pro Text summiert sich dies bei 10.000 Texten auf 3333 Arbeitsstunden. Eine Vollzeitkraft mit 40-h-Woche wäre fast zwei Jahre beschäftigt. Aktuelle KI-Tools liefern keine fehlerfreie und zielgruppengerechte Übersetzung auf Knopfdruck. Es braucht menschliche Redakteure mit Fachwissen und Übersetzungskompetenz.

Der Workflow muss klug gestaltet werden, um den Aufwand für hochqualifizierte Mitarbeiter zu minimieren und gleichzeitig die Qualität der Übersetzungen zu sichern. Gelingt es, den Automatisierungsprozess mit minimalem menschlichem Eingreifen an entscheidenden Stellen zu optimieren, könnte man wichtige Gesundheitsinformationen und andere bedeutende Dokumente flächendeckend und leicht verständlich verbreiten.

10 Fazit

In diesem Kapitel haben wir dargestellt, wie Sie KI in Ihren Redaktionsprozess beim Texten in Einfache – und auch in Leichte – Sprache einbringen können. Dabei haben wir Ihnen von unseren Erfahrungen mit der KI von SUMM AI beim Übersetzen der Texte der Apotheken Umschau sowie aus weiteren Projekten berichtet. Dabei zeichnet sich ab, dass die KI für Einfache Sprache schon besonders gut funktioniert, dass Sie aber ein besonderes Auge auf Ihre Texte haben müssen, wenn Sie in Leichte Sprache oder Leichte Sprache Plus übersetzen.

Wir haben Ihnen auch unseren Workflow vorgestellt und welche Tools dabei zum Einsatz kommen. Post-Editing ist und bleibt ein wichtiger Schritt im Übersetzungsprozess und hier bleibt, bei aller KI, der menschliche Faktor erhalten: Er ist nötig, um die Qualität der Übersetzung sicherzustellen. Für das Post-Editing benötigen Ihre Redakteure Kenntnisse der Einfachen Sprache und Erfahrung im Umgang mit den Tools, damit die Ergebnisse gut werden.

Künstliche Intelligenz kann Redaktionsprozesse beschleunigen, ersetzt aber nicht das Fachwissen und die sprachliche Kompetenz Ihrer Redaktion. Für veröffentlichungsreife Texte in Einfacher Sprache sind meist Post-Editing und oft auch Pre-Editing nötig. Die KI dient dabei vor allem als Werkzeug und ist kein Ersatz für qualifizierte Redakteurinnen und Redakteure. Achten Sie auch auf die Länge Ihrer Ausgangstexte: Je länger und komplexer sie sind, desto aufwendiger wird das Post-Editing. Stärken Sie gezielt die Kompetenzen Ihrer Redaktion in Einfacher Sprache und im Umgang mit KI-Tools. Nehmen Sie sich die nötige Zeit – es lohnt sich. Ethan Mollick, Experte für Künstliche Intelligenz an der Wharton School, rät: „Der beste Weg, KI zu verstehen, ist, sie zu benutzen" (Mollick, 2024). Er empfiehlt, mindestens zehn Stunden mit Prompting zu verbringen, um es effektiv einzusetzen.

Literatur

DIN 8579:2022-07. Übersetzungsgerechtes Schreiben – Texterstellung und Textbewertung. https://doi.org/10.31030/3354415.

DIN 8581-1:2024-05, Einfache Sprache – Anwendung für das Deutsche – Teil 1: Sprachspezifische Festlegungen. https://doi.org/10.31030/3523268.

DIN ISO 18587:2018-02. Übersetzungsdienstleistungen – Posteditieren maschinell erstellter Übersetzungen – Anforderungen (ISO 18587:2017). https://doi.org/10.31030/2786422.

Steinhau, H., Binder, M., Münch, M., & Biskup, L. (2024). Künstliche Intelligenz und Beschäftigte im Journalismus (No. 345). Working Paper Forschungsförderung. https://www.boeckler.de/de/faust-detail.htm?sync_id=HBS-008914. Zugegriffen: 28. Jan. 2025.

Stiftung Universität Hildesheim. (2025). KI-GesKom. https://www.uni-hildesheim.de/leichtesprache/forschung-und-projekte/projekte/ki-geskom/. Zugegriffen: 6. Apr. 2025.

„Was hab' ich?" gGmbH. (18. März 2025). 14.309 Diagnosen erstmals verständlich! „Was hab' ich?" bietet Erläuterungen für alle ICD-Codes [Pressemitteilung]. https://washabich.de/res/pdf/2025-03-18-Pressemitteilung-ICD-Codes-verstaendlich.pdf. Zugegriffen: 8. Apr. 2025.

Weiterführende Literatur

Berlin Health Media GmbH. (o. J.). *Vier400. Lebensqualität steigern durch mehr Gesundheitskompetenz*. https://vier400.de. Zugegriffen: 28. Jan. 2025.

DeepL SE. (o. J.) DeepL Write [KI-Webservice]. https://www.deepl.com/de/write. Zugegriffen: 6. Apr. 2025.

Deilen, S., Lapshinova-Koltunski, E., Hernández Garrido, S., Maaß, C., Hörner, J., Theel, V., & Ziemer, S. (2024). Evaluation of intralingual machine translation for health communication. In: *Proceedings of the 25th Annual Conference of the European Association for Machine Translation: Volume 1: Research And Implementations & Case Studies*. Sheffield: European Association for Machine Translation (EAMT), S. 467–477.

ElevenLabs. (o. J.). ElevenLabs [KI-Webservice]. https://elevenlabs.io/. Zugegriffen: 8. Apr. 2025.

Google. (o. J.). Gemini [KI-Webservice]. https://gemini.google.com. Zugegriffen: 9. Apr. 2025.

Google. (o. J.). NotebookLM [KI-Webservice]. https://notebooklm.google. Zugegriffen: 9. Apr. 2025.

Institut für Business Analytics der Universität Ulm. (o. J.). Grundlagen. Bias and Fairness in AI Systems. https://bias-and-fairness-in-ai-systems.de/grundlagen/. Zugegriffen: 28. Jan. 2025.

Mistral AI. (o. J.). Mistral AI [KI-Webservice]. https://mistral.ai. Zugegriffen: 9. Apr. 2025.

Mollick, E. (10. January 2023). *How to. . . use ChatGPT to boost your writing*. One Useful Thing. https://www.oneusefulthing.org/p/how-to-use-chatgpt-to-boost-your. Zugegriffen: 28. Jan. 2025.

Mollick, E. (20. October 2024): *Thinking Like an AI*. One Useful Thing. https://www.oneusefulthing.org/p/thinking-like-an-ai. Zugegriffen: 28. Jan. 2025.

OpenAI. (o. J.). ChatGPT [KI-Webservice]. https://chat.openai.com. Zugegriffen: 9. Apr. 2025.

OpenAI. (o. J.). Prompt Engineering. Enhance results with prompt engineering strategies. https://platform.openai.com/docs/guides/prompt-engineering. Zugegriffen: 28. Jan. 2025.

Reporterfabrik. (o. J.). Wolf-Schneider-KI (WSKI) [KI-Webservice]. https://reporterfabrik.org/wski-editor/. Zugegriffen: 28. Jan. 2025.

SuSea, Inc. (o. J.). You.com [KI-Webservice]. https://you.com. Zugegriffen: 9. Apr.
SUMM AI GmbH. (o. J.). SUMM AI. Leichte Sprache auf Knopfdruck. https://summ-ai.com/. Zugegriffen: 8. Apr. 2025.

Christiane Maaß ist seit 2011 Professorin für Medienlinguistik an der Universität Hildesheim. Dort ist sie seit 2014 Direktorin der von ihr gegründeten Forschungsstelle Leichte Sprache und hat mit dieser Forschungseinrichtung zahlreiche Forschungs- und Transferprojekte mit öffentlichen Stellen und privaten Organisationen durchgeführt. Seit 2018 ist sie Leiterin des Masterstudiengangs Barrierefreie Kommunikation an der Universität Hildesheim. Sie ist Leiterin des Fachbereichs Barrierefreie Gesundheitskommunikation des Deutschen Netzwerks Gesundheitskommunikation und Sachverständige für die Bundesinitiative Barrierefreiheit der Bundesregierung für „Digitales/Leichte Sprache". Sie ist Ko-Autorin des Duden Leichte Sprache und Mitherausgeberin des Handbuchs Barrierefreie Kommunikation.

Janina Kröger ist Übersetzerin für Einfache Sprache beim Wort & Bild Verlag. Sie ist mitverantwortlich für die Pflege und Weiterentwicklung des Einfache-Sprache-Angebots auf apotheken-umschau.de. Sie hat einen Masterabschluss im Fach Medientext und Medienübersetzung und promoviert an der Universität Hildesheim in barrierefreier Gesundheitskommunikation. Ihr Forschungsschwerpunkt ist die Verständlichkeit von Gesundheitsinformationen. Sie erforscht, welche sprachlichen und textuellen Eigenschaften Gesundheitsinformationen für medizinische Laien schwer verständlich machen und wie diesen Eigenschaften in Einfacher Sprache begegnet werden kann.

Julian Hörner ist Projektmanager im Project Management Office beim Wort & Bild Verlag. In dieser Rolle verantwortet er die Umsetzung komplexer Projekte im Gesundheitsjournalismus. Sein Spezialgebiet ist die Erstellung und Aufbereitung von Gesundheitsinformationen in Einfacher Sprache, um so die Gesundheitskompetenz in der Bevölkerung zu fördern. Als wissenschaftlicher Autor schreibt der promovierte Kulturwissenschaftler Beiträge zu den Themen Gesundheitskommunikation, kulturelle Transformationsprozesse und Gesundheitskultur.

Recht und Gesellschaft: Rechtliche und gesellschaftliche Aspekte von KI-gestützter Übersetzung in Einfache Sprache

Janina Kröger, Sarah Ahrens, Sergio Hernández Garrido und Florian Hensel

Zusammenfassung

In diesem Kapitel werfen wir einen Blick auf die rechtlichen Rahmenbedingungen sowie gesellschaftliche Diskurse, die für die KI-gestützte Übersetzung in Einfache Sprache relevant sind. Während es sowohl für die Einfache Sprache als auch den Umgang mit KI bisher wenig gesetzliche Vorgaben in Deutschland gibt, zeigen sich im gesellschaftlichen Diskurs einige interessante Entwicklungen. Wir stellen zunächst die rechtlichen Rahmenbedingungen der Einfachen Sprache und des Einsatzes von KI vor (Abschn. 1). Im Anschluss gehen wir auf verschiedene Initiativen und Handlungsfelder ein (Abschn. 2). Abschließend geben wir einen kurzen Ausblick auf organisationale Überlegungen (Abschn. 3). Die Darstellung soll nur vereinzelte Schlaglichter auf den

J. Kröger (✉) · F. Hensel
Wort & Bild Verlag Konradshöhe GmbH und Co. KG, Baierbrunn, Deutschland
E-Mail: j.kroeger@wubv.de

F. Hensel
E-Mail: f.hensel@wubv.de

S. Ahrens · S. Hernández Garrido
Universität Hildesheim, Hildesheim, Deutschland
E-Mail: ahrenss@uni-hildesheim.de

S. Hernández Garrido
E-Mail: hernandezs@uni-hildesheim.de

C. Maaß et al. (Hrsg.), *Einfache Sprache mit KI-Tools*,
https://doi.org/10.1007/978-3-658-47867-4_8

Diskurs werfen und erhebt keinen Anspruch auf Vollständigkeit. Wir empfehlen Ihnen, sich von Ihrer Rechtsabteilung beraten lassen. Nur dort können Sie verlässliche Informationen erhalten, welche Gesetze und Verordnungen für Ihren spezifischen Fall relevant sind.

1 Rechtliche Rahmenbedingungen

1.1 Einfache Sprache

Der Gebrauch von Leichter und Einfacher Sprache ist in Deutschland nicht gesetzlich festgelegt. Es finden sich jedoch einige Regelungen zum Einsatz verständlicher Sprache, insbesondere in der Kommunikation mit Menschen mit Behinderungen. Auf einige zentrale Gesetze und Verordnungen wollen wir hier einen Blick werfen.

Deutschland hat im Jahre 2009 das **Übereinkommen über die Rechte von Menschen mit Behinderungen,** auch bekannt als **UN-Behindertenrechtskonvention** (UN-BRK), ratifiziert. Dieses Übereinkommen ist seitdem gültiges Recht in Deutschland. Es konkretisiert die Rechte von Menschen mit Behinderungen, definiert Prinzipien der Gleichstellung und legt Verpflichtungen für die Unterzeichnerstaaten fest, die darauf abzielen, die Inklusion und Teilhabe von Menschen mit Behinderungen zu fördern. Zugängliche und barrierefreie Kommunikation wird dabei als entscheidend angesehen. Gemäß Artikel 2 UN-BRK sollten Kommunikationsformate unter anderem in eine Sprachform übersetzt werden, die für die jeweilige Zielgruppe **verständlich** ist. Auch wenn Einfache Sprache an dieser Stelle noch nicht im Sinne der Definition in Kap. Einfache Sprache verstanden wird, wird die Bedeutung verständlicher Sprachformen zur Förderung der Inklusion von Menschen mit Behinderungen anerkannt.

Im öffentlichen Recht regelt das **Behindertengleichstellungsgesetz** (BGG) die Gleichberechtigung von Menschen mit Behinderungen. Das Hauptziel dieses Gesetzes besteht darin, jegliche Benachteiligung zu verhindern und eine eigenständige Teilhabe an der Gesellschaft sicherzustellen. Verständliche Kommunikation ist notwendig und daher sind öffentliche Stellen dazu verpflichtet, in verständlicher Weise zu kommunizieren. Gemäß § 11 BGG müssen öffentliche Stellen in „einfacher und verständlicher Sprache“ kommunizieren, was auch für textbasierte Kommunikation gilt. Wenn es die Zielgruppen wünschen und eine einfachere Sprachform notwendig ist, soll dafür Leichte Sprache eingesetzt werden (für einen Vergleich zwischen Leichter und Einfacher Sprache siehe Kap. Einfache Sprache). Darüber hinaus werden öffentliche Stellen dazu aufgefordert, mehr Texte in Leichter Sprache zu verfassen und ihre Expertise in Leichter Sprache weiter auszubauen.

Die **Barrierefreie-Informationstechnik-Verordnung** (BITV 2.0) zielt darauf ab, die elektronische, digitale und webbasierte Kommunikation von öffentlichen Stellen barrierefrei zu gestalten. Gemäß § 4 BITV 2.0 müssen Informationen über den Inhalt einer Webseite sowie über deren Navigation in Leichter Sprache bereitgestellt werden. Zusätzlich definiert die Anlage zu der BITV 2.0 bestimmte Regeln der Leichten Sprache. Die 13 formulierten Regeln sind zwar nicht ausreichend für die Erstellung eines qualitativ hochwertigen Textes in Leichter Sprache, allerdings stellt die hier präsentierte rechtliche Definition einen bedeutenden Fortschritt im Bereich der Barrierefreiheit dar. Die BITV 2.0 wurde 2019 aktualisiert und verweist nun auf die Europäische Norm (EN) 301 549 „Accessibility Requirements for ICT products and services". Diese Norm ist eine umfangreiche Sammlung von Anforderungen an die digitale Barrierefreiheit öffentlicher Stellen. Obwohl Leichte und Einfache Sprache nicht ausdrücklich genannt werden, wird durch den Verweis auf die „Web Content Accessibility Guidelines" (WCAG) die sprachliche Verständlichkeit als einer der relevanten Faktoren für Barrierefreiheit dargestellt.

Das **Barrierefreiheitsstärkungsgesetz** (BFSG) sieht vor, dass bestimmte Produkte und Dienstleistungen, die nach dem 28.06.2025 in Umlauf gebracht werden, barrierefrei sein müssen. Das betrifft jedoch vor allem Produkte wie Hardware, Selbstbedienungsterminals und E-Book-Reader. Bei den Dienstleistungen sind Bankdienstleistungen, Personenbeförderung und der Vertragsschluss im E-Commerce betroffen. Die Produkte sollen verständlich, über mehrere Sinneskanäle wahrnehmbar und robust sein. Robuste Produkte sind nutzbar, egal welche Hard- und Software die Anwender und Anwenderinnen benutzen. Redaktionelle Angebote und Informationsangebote berührt dies in aller Regel nicht. Die Forderung umfasst auch lediglich eine verständliche Sprache und nennt Einfache oder Leichte Sprache nicht explizit.

▶ Wir sehen also: In der deutschen Gesetzgebung findet sich derzeit keine Verpflichtung zur Verwendung von Einfacher Sprache. Eine verständliche Sprache bzw. Leichte Sprache wird als Instrument der Inklusion und Barrierefreiheit an vereinzelten Stellen gefordert. Dies bezieht sich aber bisher vor allem auf öffentliche Stellen und berührt redaktionelle Inhalte außerhalb von Behörden zunächst nicht.

1.2 Künstliche Intelligenz

Der Begriff „Künstliche Intelligenz" ist rechtlich noch nicht umfassend geregelt. Zwar ist die **KI-Verordnung** (KI-VO) bereits im August 2024 in Kraft getreten, aber die allermeisten Regelungen darin werden erst 2026 gelten. Manche Regelungen der KI-Verordnung arbeiten mit zunächst unbestimmten Rechtsbegriffen, die der Europäische Gerichtshof erst durch entsprechende Urteile konkretisieren muss.

Die KI-VO arbeitet mit einem risikobasierten Ansatz, der dem Produkthaftungsrecht entlehnt ist. Zentral für die Pflichten, aber auch Verbote, ist zunächst die Unterscheidung von **KI-Modellen,** insbesondere solchen mit allgemeinem Verwendungszweck, und **KI-Systemen.**

Nach den Begriffsbestimmungen der KI-Verordnung ist ein **KI-System** ein

> *„maschinengestütztes System, das für einen in unterschiedlichem Grade autonomen Betrieb ausgelegt ist und das nach seiner Betriebsaufnahme anpassungsfähig sein kann und das aus den erhaltenen Eingaben für explizite oder implizite Ziele ableitet, wie Ausgaben wie etwa Vorhersagen, Inhalte, Empfehlungen oder Entscheidungen erstellt werden, die physische oder virtuelle Umgebungen beeinflussen können." (Art. 3 Nr.1 KI-VO)*

Die Bedeutung von Begriffen wie „Autonomie" und „Anpassungsfähigkeit" muss in Zukunft näher konkretisiert werden, um KI-Tools ausreichend von herkömmlichen Tools der nur automatisierten Datenverarbeitung abzugrenzen. So viel sei gesagt: KI-Tools können im Unterschied zu herkömmlichen Computerprogrammen eigenständig komplexe Probleme lösen, ohne dass Lösungswege vorgegeben sein müssen. Die KI-Tools kommen also selbst zu Lösungswegen für das vorgegebene Problem. Bei der Anwendung dieser KI-Systeme sind wiederum rechtliche Aspekte aufseiten der Eingabe (Input – Trainingsdaten und Prompting), wie der Ausgabe (Output) zu berücksichtigen.

Hinter dem KI-System oder KI-Tool, das ein Anwender nutzt, steht das **KI-Modell.** Es ist die abstrakte „Intelligenz", die dem konkreten KI-System ermöglicht, die vom Nutzer gestellte Aufgabe zu erledigen. So sind etwa Large Language Models (LLMs) KI-Modelle, die dann z. B. in text-generierenden Anwendungen – einem KI-System – einem Nutzer verfügbar gemacht werden (siehe auch das Kap. Künstliche Intelligenz).

Für die Produktion von Texten mithilfe einer KI stellt sich Ihnen vermutlich die Frage nach einer **Kennzeichnungspflicht.** Derzeit gibt es in Deutschland keine allgemeine Kennzeichnungspflicht für KI-erstellte Inhalte. Eine Besonderheit gibt es allerdings: Für Bild-, Ton- oder Videoinhalte, die ein „Deepfake“ sind, wird zukünftig allerdings eine Offenlegungspflicht dieses Umstandes gelten. Ähnliches gilt auch für künstlich generierte Textinhalte, die die Öffentlichkeit über Angelegenheiten von öffentlichem Interesse informieren sollen. Wird der Inhalt jedoch von Menschen kontrolliert und übernimmt ein Mensch die redaktionelle Verantwortung für diesen Inhalt, besteht keine Kennzeichnungspflicht. **Menschlich kontrollierte und verantwortete KI-Outputs müssen also nicht als „mit KI-erstellt“ gekennzeichnet werden.** Das umfasst jedes übliche Post-Editing, bei dem die Texte auf inhaltliche und sprachliche Qualität geprüft und überarbeitet werden (siehe Kap. Redaktionsprozesse). In Interessengruppen wird derzeit ebenfalls diskutiert, wann die KI als Hilfsmittel aufgeführt sein sollte. Dies wäre ein Aspekt der ethischen Nutzung von KI, auf die wir weiter unten eingehen. Andererseits kann eine Nennung als Autor oder Autorin mit den Prinzipien des Urheberrechts kollidieren und neue Probleme mit sich bringen. Auf das Thema gehen wir deshalb im Verlauf dieses Abschnitts noch einmal näher ein.

Ein weiterer Aspekt, der beim Einsatz von Künstlicher Intelligenz berücksichtigt werden muss, ist das Thema **Datenschutz,** sowohl im Hinblick auf vertrauliche Unternehmensinformationen wie auch auf personenbezogene Daten. Grundsätzlich ist der Umgang mit personenbezogenen Daten in der EU-Verordnung 2016/679 (EU-Datenschutz-Grundverordnung – DSGVO) geregelt. Es geht um die Frage, welche Daten Sie in KI eingeben und zum anderen, ob und wie die KI diese Daten weiterverwenden darf, insbesondere für das Training. Die Datenschutzkonferenz des Bundes und der Länder hat dazu eine Orientierungshilfe für Behörden und Unternehmen veröffentlicht (den **Literaturhinweis** finden Sie am Ende dieses Kapitels). Diese bezieht sich explizit auf den Umgang mit Large Language Models. Darin finden Sie diverse Hinweise zum Umgang mit KI. Zum Beispiel sollten Verantwortliche genau festlegen, zu welchen Zwecken und in welchem Umfang die KI eingesetzt wird. Außerdem sollten Verantwortliche immer prüfen, ob Daten für das Training der KI verwendet werden und diese Funktion ggf. ausschalten. „Verantwortliche“ sind hier diejenigen, die über den Umgang mit personenbezogenen Daten entscheiden. Das ist also die Stelle, typischerweise das Unternehmen, die in eigener Regie mit personenbezogenen Daten arbeitet. Noch ist selbst Grundsätzliches rechtlich hochumstritten, etwa ob wegen der Arbeitsweise eines LLM davon gesprochen werden kann, dass in diesem KI-Modell tatsächlich personenbezogene Daten liegen. Unabhängig davon arbeitet aber das eingesetzte KI-System ggf. mit personenbezogenen Daten. Es entspricht daher dem von der DSGVO geforderten Grundprinzipien, automatisierte Verarbeitungen von personenbezogenen Daten auf das absolute Minimum zu beschränken. Es ist ohnehin immer konkret zu prüfen, ob eine Verarbeitung von einem „Erlaubnistatbestand“ erfasst ist oder nicht und damit verboten bleibt.

Eng verwandt sind Fragen des Persönlichkeitsrechts. KI-generierte Inhalte können dieses leicht verletzen, wenn sie eben eine verfälschte Realität bezüglich eines konkreten, realen Menschen darstellen wollen – die Welt der Deepfakes und Fake News.

Für die KI-Nutzung zur Übersetzung in Einfache Sprache bietet sich ein Rechtsverständnis an, das sich an die klassische Übersetzung anlehnt: eine Verarbeitung von personenbezogenen Daten in einem Text im Rahmen eines Übersetzungsvorganges bedarf keiner Einwilligung des Betroffenen. Anders kann dies für Trainings eines LLM sein und natürlich die Veröffentlichung eines Textes selbst.

Für den fertigen Text stellt sich dann noch die Frage nach dem **Urheber.** Deshalb wollen wir auch einen kurzen Blick in das Urheberrechtsgesetz werfen. Urheber eines Werkes kann nur ein Mensch sein. Demnach ist der Output von KI-Tools erst einmal nicht urheberrechtlich geschützt, schon gar nicht kann das KI-Tool oder dessen Betreiber ein Urheberrecht beanspruchen. Elaborierte Prompts, mit denen Sie die Erstellung eines Textes vorbereiten, können urheberrechtlich geschützt sein, für den daraus resultierenden Text ist das jedoch eher nicht der Fall. Dazu fehlt dem Output oft die „eigenschöpferische Komponente“, die literarische, wissenschaftliche und künstlerische Werke schützenswert macht. Erst wenn Sie einen KI-Output überarbeiten oder sich in oder aus dem Prompting selbst schon Ihre eigenschöpferische Komponente manifestiert, kann der entstehende Text urheberrechtlich geschützt sein. Faustregeln gibt es allerdings nicht. Eine tatsächlich nicht bestehende Urheberschaft zu beanspruchen, etwa durch unzutreffende Copyright-Vermerke oder Meldungen bei Verwertungsgesellschaften, sollte selbstverständlich nicht Praxis werden.

▶ Der Umgang mit Künstlicher Intelligenz orientiert sich an schon bestehenden Regelwerken. Wenn Sie bei der Übersetzung eine KI einsetzen möchten, sollten Sie sich vorher genau überlegen, welche Daten dabei erhoben werden und wie die KI Ihre Daten verarbeitet. Typischerweise sollte das Training der KI-Modelle nicht auf ihren Daten beruhen.

2 Handlungsfelder

2.1 Leichte Sprache und KI

Für die Leichte Sprache entstehen KI-Kodizes und Positionspapiere. Solche Kodizes dienen aktuell der Sicherung der Prüf- und Übersetzungsarbeit. So schreibt die Netzwerkgruppe Bayern (Netzwerk Leichte Sprache):

> *„Allerdings führt dieses KI-Angebot auch dazu, dass Auftraggeber für Leichte Sprache die KI-Programme selbst einsetzen und auf die Zusammenarbeit mit professionellen Übersetzenden und Prüfenden verzichten.*
> *Die aktuellen KI-Angebote für Leichte Sprache können die Arbeit der Übersetzungsbüros [und der Textprüfung] nicht ersetzen."*
> *(Netzwerkgruppe Bayern 2024)*

Hier ist der gesellschaftliche Druck erkennbar, der für einen ethischen Umgang mit KI plädiert. Leichte Sprache wird als Mittel der Inklusion gesehen, aus dem die Zielgruppen der Leichten Sprache (als Prüfer) und die Übersetzerinnen nicht ausgeschlossen werden sollen.

Die Einfache Sprache ist nicht auf dieselbe Weise ein Mittel zur Inklusion, sondern in erster Linie ein Aspekt der Experte-Laie-Kommunikation. In diesem Bereich sind uns keine KI-Kodizes oder Positionspapiere bekannt. Allerdings wird die Einfache Sprache bereits genormt (siehe Kap. Einfache Sprache), und zwar durch die DIN ISO 24495-1, eine Übersetzung der ISO 24495-1, in der internationale, sprachübergreifende Standards für „Plain Language" gesetzt werden. Diese Standards werden mit der DIN 8581 für die deutsche Sprache spezifiziert. In Zukunft werden diese DIN-Normen durch weitere ISO- und DIN-Normen ergänzt. Darunter sind eine Spezifikation für juristische Texte (ISO 24495-2, Plain language – Part 2: Legal Communication) und eine für das wissenschaftliche Schreiben (ISO 24495-3, Plain language – Part 3: Science writing) in Arbeit.

Leitlinien für die ethische Nutzung von KI („Responsible AI") sehen aber zum einen vor, dass KI-Modelle und -Systeme selbst transparent sind. Das bedeutet, es soll zum Beispiel ersichtlich sein, welche Trainingsdaten verwendet und woher sie bezogen wurden. Dies wird vor allem in der Leichten Sprache relevant, für die zum Beispiel die Netzwerkgruppe Bayern des Netzwerks Leichte Sprache fordert, dass Prüfgruppen (also Menschen mit Lernschwierigkeiten) in die Textdaten einbezogen werden, die KI-Modellen und -Systemen zugrunde liegen, und dass sie in deren Training miteinbezogen werden. Für Einfache Sprache ist dies auch sinnvoll – je mehr qualitativ hochwertige Texte in Einfacher Sprache unter den Trainingsdaten sind, desto höher die Qualität des Outputs (siehe Kap. Künstliche Intelligenz). In diesem Sinne sollten die Trainingsdaten insofern transparent gemacht werden, dass erkennbar ist, ob eine KI mit Einfache-Sprache-Texten trainiert wurde oder nicht. Im Falle der Leichten Sprache wäre auch wichtig, die Zielgruppeneinbindung beurteilen zu können, da dies von Interessengruppen gefordert wird.

Daneben fordert die Netzwerkgruppe Bayern, dass KI-Nutzer und -Nutzerinnen bereits in Leichter Sprache geschult sind, wenn sie mit KI-Tools Leichte-Sprache-Texte erstellen. Auch dies ist relevant für die Verwendung von KI-Tools für Einfache Sprache. Auch vor dem Hintergrund des Post-Editings ist diese Forderung von besonderer Bedeutung (siehe Kap. Redaktionsprozesse).

Zwar gibt es keine Kennzeichnungspflicht (siehe Abschn. 1.2), aber in Interessengruppen wird heute oft diskutiert, wann KI-Tools als Hilfsmittel oder sogar als Autorinnen aufgeführt sein sollten. Während für einige KI-Tools lediglich Übersetzungshilfen sind, mit denen sie sich zum Beispiel Paralleltexte erstellen oder an einzelnen Stellen Übersetzungsvorschläge machen lassen, erstellen andere mit ihnen ganze Texte, die dann in verschiedenem Maße nachbearbeitet werden. Hier gehen die Meinungen auseinander, in welchem Rahmen eine freiwillige KI-Kennzeichnung ethisch wäre. Einen Konsens dazu gibt es nicht.

2.2 Handlungsfeld Journalismus

Die journalistische Arbeit wird durch den **Pressekodex** des Presserats mitbestimmt. Dieser sieht zum Beispiel vor, dass Texte mit der gebotenen Sorgfalt recherchiert und Informationen stets auf ihren Wahrheitsgehalt hin überprüft werden müssen. Daraus ergibt sich eine besondere Sorgfaltspflicht im Umgang mit KI bei der Recherche und Textarbeit. Informationen, die von der KI erstellt werden, müssen auf ihren Wahrheitsgehalt geprüft und kritisch hinterfragt werden. Die Berichterstattung muss außerdem frei von Diskriminierungen sein. Hier ist der KI-Output auch auf einen möglichen Bias der Daten zu hinterfragen, ein Aspekt der „Responsible AI". Für medizinische Berichterstattung gilt außerdem, dass die Darstellung ausgewogen sein muss (siehe auch Kap. Content).

Der Deutsche Journalisten-Verband e. V. (DJV) hat in einem Positionspapier Stellung bezogen zum Umgang mit KI im Journalismus. Er schreibt:

„Der Einsatz Künstlicher Intelligenz im Bereich des Journalismus hat das Potenzial, sich auf die Meinungs- und Willensbildung und damit auf Staat und Gesellschaft auszuwirken. Er wird zudem tiefgreifende Folgen für die Arbeit von Journalistinnen und Journalisten haben. Aus diesem Grund bedarf der Einsatz Künstlicher Intelligenz im Journalismus unbedingt Leitplanken, damit er die freiheitliche Demokratie sowie den journalistischen Berufsstand nicht gefährdet." (Deutscher Journalisten-Verband e. V. 2023:1)

Der DJV erklärt, dass der Output einer KI stets von Journalistinnen und Journalisten geprüft werden müsse, damit die Qualität der Inhalte gewährleistet wird. Auch trotz fortschreitender Automatisierung müssen Menschen die Verantwortung für die Inhalte tragen. Deshalb fordern sie auch, dass in Redaktionen die **Abnahme- und Freigabeschleifen klar geregelt** sind (wie Sie dies konkret umsetzen können, erfahren Sie im Kap. Redaktionsprozesse). Medienhäuser sollten zudem Beauftragte nennen, die den praktischen Einsatz mit den gültigen Regeln abstimmen und im Zweifelsfall als Ansprechperson und Beschwerdestelle zur Verfügung stehen. Der DJV empfiehlt eine Kennzeichnung KI-generierter Texte. Weitere Forderungen umfassen zum Beispiel die Schulung von Journalistinnen und Journalisten zum Thema KI als festen Bestandteil der Aus-und Weiterbildung zu etablieren sowie eine angemessene Vergütung der Textschaffenden, wenn ihre Texte für das Training der KI verwendet werden.

2.3 Handlungsfelder Gesundheit und Verwaltung

In den verschiedenen Fachbereichen existieren Dokumente und Initiativen, die sich mit verständlicher Kommunikation und auch mit Einfacher Sprache im Speziellen auseinandersetzen. Wir umreißen einige Dokumente aus dem Gesundheits- und Verwaltungsbereich.

Für den Gesundheitsbereich umfasst der **Nationale Aktionsplan Gesundheitskompetenz** insgesamt 15 Empfehlungen aus verschiedenen Handlungsfeldern, um die Gesundheitskompetenz der deutschen Bevölkerung zu stärken. Empfehlung neun zielt darauf ab, Gesundheitsinformationen verständlich zu gestalten. Dafür sollen unter anderem Informationen in Einfacher Sprache bereitgestellt werden. Daneben existiert die **Leitlinie evidenzbasierte Gesundheitskommunikation,** die auch die Einbindung der Zielgruppe als ein Qualitätskriterium für evidenzbasierte Gesundheitsinformationen aufzählt. Der 2024 vom Bundesministerium für Gesundheit veröffentlichte „Aktionsplan für ein diverses, inklusives und barrierefreies Gesundheitswesen" detailliert die bereits existierenden Bestrebungen des Bundes, verständliche und zugängliche Gesundheitsinformationen zu streuen und so die Gesundheitskompetenz insbesondere von sogenannten „vulnerablen Gruppen" zu stärken. Auch spezifischere Dokumente wie der **Aktionsplan Arzneitmittel-Therapiesicherheit** des Bundesministeriums für Gesundheit stellen die Relevanz von laienverständlichen Informationen heraus.

Für die öffentliche Verwaltung existieren z. B. **White Papers,** die sich mit rechtlichen Fragestellungen rund um KI in der öffentlichen Verwaltung beschäftigen – auch mit KI und Sprachvereinfachung. In der Verwaltung kann es nach einem White Paper der TU München als geboten gelten, KI-Systeme zu nutzen, um den Anforderungen nach dem BGG nachzukommen. Durch die Schnelligkeit und Kostengünstigkeit kann ein wirtschaftliches und effizientes Arbeiten angenommen werden. So wird die Übersetzung von Standard- und Fachtexten in Einfache und Leichte Sprache, die zuvor zeit- und kostenintensiv war, nun verhältnismäßiger zu erfüllen sein. So können auch dann Texte wirtschaftlich übersetzt werden, wenn sie nur wenige Rezipientinnen und Rezipienten erreichen. So könnte auch die Umsetzung des **Nationalen Aktionsplans 2.0** zur UN-BRK erleichtert werden. Hier wird zum Beispiel gefordert, dass Einrichtungen der politischen Bildung mehr Texte zum Beispiel in Leichter Sprache anbieten, was KI-gestützt kostengünstiger und schneller erreichbar sein könnte.

3 KI in Ihrer Organisation

Abschließend wollen wir nicht vergessen, dass es neben allen gesetzlichen Rahmenbedingungen und Diskursen mitunter auch unternehmensinterne Richtlinien für den Umgang mit KI geben kann. Diese müssen natürlich ebenfalls berücksichtigt werden, wenn Inhalte mit KI-Unterstützung in Einfache oder Leichte Sprache übersetzt werden sollen. Immer mehr Unternehmen geben sich eine KI-Strategie, in der sie festlegen, ob und wie die Mitarbeiterinnen und Mitarbeiter KI benutzen dürfen und an welche Grundlagen sie sich halten müssen. Sie können in Leitfäden zum Beispiel festlegen, für welche Arbeitsprozesse KI verwendet werden darf, welche Prüf- und Freigabeschleifen für die mithilfe einer KI erstellten Texte gelten und ob bzw. wie sie gekennzeichnet werden. Auch diese können als Aspekte von „Responsible AI" zählen, also der verantwortungsvollen

Nutzung von KI-Tools. KI-Tools sollten zwar von Entwicklerseite ethisch erstellt sein, sie müssen später aber auch ethisch verwendet werden.

4 Fazit

In diesem Kapitel haben wir einen Blick auf die aktuellen rechtlichen Rahmenbedingungen und gesellschaftlichen Diskurse rund um die Themen Einfache Sprache und KI geworfen. Sie haben vielleicht gemerkt: Vieles ist noch nicht abschließend geklärt und verlässliche Aussagen zu treffen ist schwierig. Oft müssen Einzelfall-Entscheidungen getroffen werden. Einige Punkte möchten wir Ihnen dennoch ans Herz legen:

- Lassen Sie sich auf jeden Fall von der Rechtsabteilung Ihrer Behörde oder Ihres Unternehmens beraten. Sie kann Ihnen genau sagen, welche Regelungen Sie beachten müssen, wenn Sie KI einsetzen möchten.
- Überlegen Sie genau, wofür Sie die KI einsetzen möchten und welche Daten dabei anfallen oder geteilt werden.
- Prüfen Sie die KI-generierten Inhalte sorgfältig in einem Post-Editing auf Korrektheit.

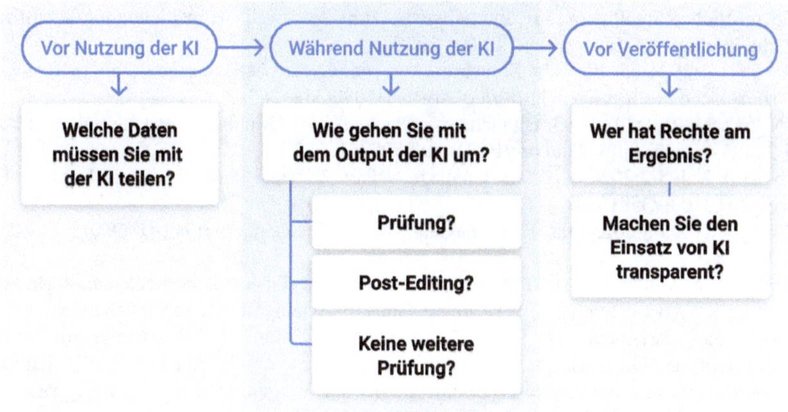

Abb. 1 Fragen für die Nutzung von KI (eigene Darstellung)

- Überlegen Sie sich, ob Sie den Einsatz einer KI für Ihre Leserinnen und Leser transparent machen möchten – und wie.

In Abb. 1 haben wir die Fragen, die sich Ihnen im Verlauf des Prozesses stellen könnten, zusammengefasst:

Literatur

Barton, M.-C., & Pöppelbuß, J. (2022). Prinzipien für die ethische Nutzung künstlicher Intelligenz. *HMD, 59*, 468–481. https://doi.org/10.1365/s40702-022-00850-3

Bundesministerium für Arbeit und Soziales. (2016). Nationaler Aktionsplan 2.0 der Bundesregierung zur UN-Behindertenrechtskonvention (UN-BRK). https://www.bmas.de/DE/Soziales/Teilhabe-und-Inklusion/Nationaler-Aktionsplan/nationaler-aktionsplan-2-0.html. Zugegriffen: 8. Apr. 2025.

Bundesministerium für Gesundheit. (2021). Aktionsplan 2021–2024 des Bundesministeriums für Gesundheit zur Verbesserung der Arzneimitteltherapiesicherheit in Deutschland. https://www.bundesgesundheitsministerium.de/service/publikationen/details/aktionsplan-2021-2024-des-bmg-zur-verbesserung-der-arzneimitteltherapiesicherheit-in-deutschland.html. Zugegriffen: 30. Dez. 2024.

Bundesministerium für Gesundheit. (2024). Aktionsplan für ein diverses, inklusives und barrierefreies Gesundheitswesen. https://www.bundesgesundheitsministerium.de/fileadmin/Dateien/3_Downloads/A/Aktionsplan/Aktionsplan_barrierefreies_Gesundheitswesen_2024.pdf. Zugegriffen: 30. Dez. 2024.

Deutscher Journalisten-Verband e. V. (2023). Positionspapier bezüglich des Einsatzes Künstlicher Intelligenz im Journalismus. https://www.djv.de/medienpolitik/kuenstliche-intelligenz/. Zugegriffen: 28. Jan. 2025.

DIN 8581-1:2024-05, Einfache Sprache – Anwendung für das Deutsche – Teil 1: Sprachspezifische Festlegungen. https://doi.org/10.31030/3523268.

DIN ISO 24495-1:2024—03, Einfache Sprache – Teil 1: Grundsätze und Leitlinien (ISO 24495-1:2023). https://doi.org/10.31030/3508251.

DIN ISO 24495-2:2024-12, Plain language – Part 2: Legal communication. https://doi.org/10.31030/3581464.

DIN ISO 24495-3:2025-–05, Plain language – Part 3: Science writing (ISO/DIS 24495-3:2025).

Djeffal, C., & Müller, V. (2024). White Paper. Rechtliche Aspekte der Sprachvereinfachung durch KI in der öffentlichen Verwaltung. Constitutional Design Lab. TU München.

Europäisches Parlament und Rat der Europäischen Union. (2016). Verordnung (EU) 2016/679 des Europäischen Parlaments und des Rates vom 27. April 2016 zum Schutz natürlicher Personen bei der Verarbeitung personenbezogener Daten, zum freien Datenverkehr und zur Aufhebung der Richtlinie 95/46/EG (Datenschutz-Grundverordnung) https://beck-online.beck.de/?vpath=bibdata%2Fges%2FEWG_DSGVO%2Fcont%2FEWG_DSGVO.htm. Zugegriffen: 9. Apr. 2025.

Europäisches Parlament und Rat der Europäischen Union. (2024). Verordnung (EU) 2024/1689 des Europäischen Parlaments und des Rates vom 13.6.2024 zur Festlegung harmonisierter Vorschriften für künstliche Intelligenz und zur Änderung der Verordnungen (EG) Nr. 300/2008, (EU) Nr. 167/2013, (EU) Nr. 168/2013, (EU) 2018/858, (EU) 2018/1139 und (EU) 2019/2144 sowie der Richtlinien 2014/90/EU, (EU) 2016/797 und (EU) 2020/1828 (Verordnung über künstliche Intelligenz). https://ai-act-law.eu/de/artikel/3/. Zugegriffen: 28. Jan. 2025.

European Telecommunications Standards Institute. (2021). EN 301 549: Accessibility requirements for ICT products and services. https://www.etsi.org/deliver/etsi_en/301500_301599/301549/03.02.01_60/en_301549v030201p.pdf. Zugegriffen: 8. Apr. 2025.

Gesetz zur Gleichstellung von Menschen mit Behinderungen (Behindertengleichstellungsgesetz – BGG). (2002). https://www.gesetze-im-internet.de/bgg/__11.html. Zugegriffen: 8. Apr. 2025.

Gesetz zur Umsetzung der Richtlinie (EU) 2019/882 des Europäischen Parlaments und des Rates über die Barrierefreiheitsanforderungen für Produkte und Dienstleistungen (Barrierefreiheitsstärkungsgesetz – BFSG). (2021) https://bfsg-gesetz.de. Zugegriffen: 8. Apr. 2025.

Gille, M., Schomacker, T., von der Hülls, J., Tropmann-Frick, M. (2023). Der Einsatz von Neural Language Models für eine barrierefreie Verwaltungskommunikation: Anforderungen an die automatisierte Vereinfachung rechtlicher Informationstexte. In: Auth, Gunnar, Pidun, Tim Pidun (Hrsg.): Fachtagung Rechts- und Verwaltungsinformatik (RVI 2023) Lecture Notes in Informatics (LNI), Gesellschaft für Informatik, Bonn, 144–158. https://doi.org/10.18420/RVI2023-013.

Göllner, S., Tropmann-Frick, M., & Brumen, B. (2024). „Towards a Definition of a Responsible Artificial Intelligence". In: Tropmann-Frick, Marina, Jaakkola, Hannu, Thalheim, Bernhard, Kiyoki, Yasushi, Yoshida, Naofumi (Hrsg.), *Frontiers in Artificial Intelligence and Applications*. IOS Press. https://doi.org/10.3233/FAIA231146.

Harper, S. (MediaLab Bayern). (23.08.2023). Journalismus und KI: Chancen & Grenzen von Künstlicher Intelligenz in den Medien. https://www.media-lab.de/de/blog/journalismus-und-ki-chancen-grenzen-von-kuenstlicher-intelligenz-in-den-medien/#ethische-grundsaetze-beim-einsatz-von-ki-im-journalismus. Zugegriffen: 28. Jan. 2025.

Konferenz der unabhängigen Datenschutzaufsichtsbehörden des Bundes und der Länder vom 6. Mai 2024: Orientierungshilfe Künstliche Intelligenz und Datenschutz. Version 1.0. https://www.datenschutzkonferenz-online.de/media/oh/20240506_DSK_Orientierungshilfe_KI_und_Datenschutz.pdf. Zugegriffen: 17. Dez. 2024.

Lühnen, J., Albrecht, M., Mühlhauser, I., & Steckelberg, A. (2017). Leitlinie evidenzbasierte Gesundheitsinformation. https://www.leitlinie-gesundheitsinformation.de. Zugegriffen: 28. Jan. 2025.

Netzwerkgruppe Bayern (Netzwerk Leichte Sprache). (2024). Positionspapier der Gruppe Bayern des Netzwerks Leichte Sprache zum Thema KI und Leichte Sprache. https://www.sags-einfach.de/documents/31615/55690/Positionspapier+KI+mit+Unterschriften.pdf/4afa7574-cba6-c7c1-da36-08f6c66ac43a. Zugegriffen: 6. Jan. 2025.

Schaeffer, D., Hurrelmann, K., Bauer, U., & Kolpatzik, K. (2020): Nationaler Aktionsplan Gesundheitskompetenz: Die Gesundheitskompetenz in Deutschland stärken (1. überarb. Aufl.). KomPart. https://www.nap-gesundheitskompetenz.de. Zugegriffen: 28. Jan. 2025.

Vereinte Nationen, Generalversammlung. (2006). Übereinkommen über die Rechte von Menschen mit Behinderungen. https://www.institut-fuer-menschenrechte.de/fileadmin/

Redaktion/PDF/DB_Menschenrechtsschutz/CRPD/CRPD_Konvention_und_Fakultativprotokoll.pdf. Zugegriffen: 8. Apr. 2025.
Verordnung zur Schaffung barrierefreier Informationstechnik nach dem Behindertengleichstellungsgesetz (Barrierefreie-Informationstechnik-Verordnung – BITV 2.0). (2019). https://www.gesetze-im-internet.de/bitv_2_0/BJNR184300011.html. Zugegriffen: 8. Apr. 2025.
World Wide Web Consortium (W3C). (2024). Web Content Accessibility Guidelines (WCAG) 2.2. https://www.w3.org/TR/WCAG22/. Zugegriffen: 20. März 2025.

Janina Kröger ist Übersetzerin für Einfache Sprache beim Wort & Bild Verlag. Sie ist mitverantwortlich für die Pflege und Weiterentwicklung des Einfache-Sprache-Angebots auf apotheken-umschau.de. Sie hat einen Masterabschluss im Fach Medientext und Medienübersetzung und promoviert an der Universität Hildesheim in barrierefreier Gesundheitskommunikation. Ihr Forschungsschwerpunkt ist die Verständlichkeit von Gesundheitsinformationen. Sie erforscht, welche sprachlichen und textuellen Eigenschaften Gesundheitsinformationen für medizinische Laien schwer verständlich machen und wie diesen Eigenschaften in Einfacher Sprache begegnet werden kann.

Sarah Ahrens ist wissenschaftliche Mitarbeiterin an der Universität Hildesheim. Sie hat den BA Translation und MA Medientext und Medienübersetzung studiert. Ihre Dissertation hat sie im Rahmen des Promotionskollegs „Chronische Erkrankungen und Gesundheitskompetenz" (angesiedelt an der Medizinischen Hochschule Hannover) zur Einfachen Sprache für Frauen mit Deutsch als Zweitsprache im Gesundheitsbereich geschrieben. Sie forscht zur verständlichen Gesundheitskommunikation in Einfacher und Leichter Sprache, zur Einfachen Sprache für Menschen mit Deutsch als Zweitsprache sowie zu KI-gestützten intralingualen Übersetzungsprozessen.

Sergio Hernández Garrido ist wissenschaftlicher Mitarbeiter an der Universität Hildesheim und Studiengangsbeauftragter des Masterstudiengangs Barrierefreie Kommunikation. Er hat Translation an der Univ. Mainz-Germersheim und Medientext und Medienübersetzung an der Univ. Hildesheim studiert. Er ist Geschäftsführer der Forschungsstelle Leichte Sprache und Koordinator der Servicestelle Inklusiv Studieren in Niedersachsen. In seiner Promotionsarbeit beschäftigt er sich mit audiovisuellen Formen der Barrierefreien Kommunikation kolumbianischer öffentlicher Stellen im Bereich Gesundheitskommunikation. In diesem Themenfeld hat er bereits mehrere Publikationen vorgelegt.

Florian Hensel ist Fachanwalt für Urheber- und Medienrecht. Seit 2022 ist er auch Syndikusrechtsanwalt beim Wort & Bild Verlag. Er bringt jahrelange Erfahrung im Digital- und Plattformgeschäft sowie in der Rechtsberatung für Medien und Unterhaltung mit. Sein Fachwissen umfasst alle produktbezogenen Angelegenheiten im E-Commerce, einschließlich kommerzieller, urheberrechtlicher und geistiger Eigentumsrechte, Werbung und Regulierung.

Beispieltexte

Janina Kröger

Zusammenfassung

In diesem Kapitel haben wir einige Übersetzungen mit ihren jeweiligen Ausgangstexten zusammengestellt. Das erste Beispiel verdeutlicht die Unterschiede zwischen Leichter Sprache Plus und Leichter Sprache (Abschn. 1). Das zweite Beispiel zeigt eine Übersetzung in Einfache Sprache, die mit ChatGPT erstellt wurde (Abschn. 2). Im Anschluss werden Übersetzungen gezeigt, die von zwei verschiedenen Modellen der KI von SUMM AI erstellt wurden (Abschn. 3 und 4). Am Ende stellen wir eine Rohübersetzung einer post-editierten Fassung gegenüber (Abschn. 5). In den Begleittexten zu Beginn erfahren Sie etwas zur Entstehung der Beispiele, am Ende möchten wir Sie auf einige Erkenntnisse hinweisen. Wir laden Sie herzlich ein, sich ein eigenes Bild zu machen. Was fällt *Ihnen* auf?

J. Kröger (✉)
Wort & Bild Verlag Konradshöhe GmbH und Co. KG, Baierbrunn, Deutschland
E-Mail: j.kroeger@wubv.de

C. Maaß et al. (Hrsg.), *Einfache Sprache mit KI-Tools*,
https://doi.org/10.1007/978-3-658-47867-4_9

1 Standardsprache – Leichte Sprache Plus– Leichte Sprache

In Tab. 1 sehen Sie ein Textbeispiel aus einem gemeinsamen Projekt der Forschungsstelle Leichte Sprache und der Apotheken Umschau: Links ein Auszug aus dem Standardtext, wie er bei apotheken-umschau.de zu finden ist. In der Mitte derselbe Auszug in Leichter Sprache Plus, wie er online veröffentlicht ist. Und rechts schließlich in Leichter Sprache. Die Leichte-Sprache-Fassung ist für ein Projekt der Forschungsstelle Leichte Sprache angefertigt worden. Die Übersetzungen sind Human-Übersetzungen. Eine Anmerkung zur Sprachvarietät: Die Apotheken Umschau weist die Texte in ihrem Angebot als „Einfache Sprache" aus, de facto handelt es sich dabei jedoch um Leichte Sprache Plus (siehe Kap. Einfache Sprache).

Was sieht man? Zunächst einmal die Textmenge: der ursprüngliche Text ist am längsten, die Leichte-Sprache-Fassung am kürzesten. Das mag im ersten Moment überraschen, sind doch Leichte-Sprache-Texte durch eingefügte Erläuterungen in der Regel länger als ihre Ausgangstexte. Hier sehen wir jedoch eine Reduktion der Detailtiefe – die Übersetzung in Leichter Sprache (und auch die Version in Leichter Sprache Plus) enthalten weniger Informationen als der Standardtext. Wir sehen außerdem, dass sich die Sätze in Leichter Sprache Plus verkürzt haben. Wir haben keine Nebensätze. Das gilt auch für die Leichte Sprache. In Leichter Sprache haben wir die Trennung zusammengesetzter Wörter durch den Mediopunkt. In Leichter Sprache Plus werden nur wenige Komposita (Nagelbett-Entzündung, Nerven-Enden) durch den Bindestrich getrennt.

Tab. 1 Gegenüberstellung Standardsprache, Leichte Sprache Plus, Leichte Sprache (linke Spalte: Apotheken Umschau 2018d, mittlere Spalte: Apotheken Umschau 2024b, rechte Spalte: Forschungsstelle Leichte Sprache o. J.)

Standardtext	Leichte Sprache Plus	Leichte Sprache
Was ist eine Nagelbettentzündung? Das Nagelbett ist das Gewebe unter dem Finger- oder Zehennagel. Keime wie Bakterien oder Pilze können zum Beispiel über kleine Wunden eindringen und entzündliche Reaktionen auslösen. Häufig ist bei einer Nagelbettentzündung nicht nur das Nagelbett infiziert, sondern auch die umgebende Nagelpartie mit Nagelfalz, Nagelwall oder Nagelhaut. *Nagelbett, Nagelhaut, Nagelfalz – wo liegt was?* Der menschliche Nagel ist aus mehreren Schichten aufgebaut. Die Nagelplatte bildet den Hauptteil des Nagels. Sie besteht aus Keratin – einer festen, hornartigen Substanz. An den seitlichen Rändern der Nagelplatte befindet sich eine kleine Vertiefung, der sogenannte Nagelfalz. Das zum Handgelenk hin gelegene Ende der Nagelplatte ist durch die feste Nagelhaut abgegrenzt. Sie schützt die umliegende Haut vor Verletzungen. Die leichte Hautwölbung rings um die Nagelplatte ist der Nagelwall. Die durchsichtige Nagelplatte liegt auf dem Nagelbett auf. Dieses ist ein gut durchblutetes Gewebe, das von vielen höchst empfindsamen Nervenendigungen durchzogen ist und den Nagel mit Nährstoffen versorgt. Durch die durchsichtige Nagelplatte schimmert das Nagelbett rosafarben hindurch.	*Was ist eine Nagelbett-Entzündung?* Bei einer Nagelbett-Entzündung ist das Gewebe vom Nagelbett entzündet. Durch kleine Wunden können Keime in das Nagelbett gelangen. Keime sind zum Beispiel Bakterien oder Pilze. Häufig entzünden sich auch der Nagelfalz oder die Nagelhaut. Der Nagel besteht aus mehreren Schichten. Der Hauptteil des Nagels ist die Nagelplatte. Die Nagelplatte schützt das Nagelbett. Die Nagelplatte besteht aus Keratin. Keratin ist fest und hornartig. An den seitlichen Rändern der Nagelplatte ist eine Vertiefung. Die Vertiefung heißt: Nagelfalz. Am unteren Rand der Nagelplatte ist die Nagelhaut. Die Nagelplatte ist durchsichtig. Die Nagelplatte liegt auf dem Nagelbett. Das Nagelbett ist das Gewebe unter dem Fingernagel oder dem Zehennagel. Das Nagelbett ist gut durchblutet. Im Nagelbett sind viele Nerven-Enden.	*Was ist eine Nagel·bett-Entzündung?* Bei einer Nagelbett-Entzündung ist das Gewebe vom Nagel·bett entzündet. Das Nagel·bett ist das Gewebe unter dem Finger·nagel. Und das Nagel·bett ist das Gewebe unter dem Zehen·nagel. Der Nagel besteht aus mehreren Schichten. Der Hauptteil vom Nagel ist die Nagelplatte. Am unteren Rand von der Nagel·platte ist die Nagel·haut. Die Nagel·platte liegt auf dem Nagel·bett. Die Nagel·platte schützt das Nagel·bett.

2 Eine Übersetzung mit ChatGPT

Tab. 2 zeigt, wie eine Übersetzung in Einfache Sprache aussehen kann, die mithilfe von ChatGPT angefertigt wurde. Die Ausgangstexte stammen ebenfalls aus dem Angebot der Apotheken Umschau. Das Prompting für ChatGPT umfasste zwei Schritte: Zunächst sollte ChatGPT den Begriff „Einfache Sprache" im Bereich der Barrierefreien Kommunikation und der Inklusion definieren. Der zweite Prompt forderte dann von der KI, die Rolle eines Experten für Einfache Sprache einzunehmen und den Text in Einfache Sprache zu übersetzen. Die Übersetzung sollte für Menschen mit Lernschwierigkeiten leicht verständlich sein. Berücksichtigen Sie aber bei Ihren Beobachtungen auch, dass der Test 2023 mit GPT-4o durchgeführt wurde. Die KI hat sich seitdem deutlich weiterentwickelt.

Es fällt zunächst auf, dass ChatGPT den Zieltext sehr stark gekürzt hat, der Umfang beträgt weniger als ein Drittel des Ausgangstextes. Damit einher geht eine starke Reduktion des Inhalts, viele Informationen finden sich nicht in der Übersetzung. Die Sätze sind in der Übersetzung außerdem sehr lang und enthalten Nebensätze. Das macht sie sprachlich komplex. Die starke inhaltliche Kürzung geht auch mit einer gewissen Ungenauigkeit der Darstellung einher: In der Übersetzung wird behauptet, Frauen hätten ein höheres Risiko für einen Schlaganfall, weil sie älter werden als Männer. Das Alter ist jedoch nur ein möglicher Risikofaktor, es gibt noch weitere Faktoren. Im Ausgangstext wird dies differenzierter dargestellt.

Tab. 2 Übersetzung zum Thema Schlaganfall mit ChatGPT (linke Spalte: Apotheken Umschau, 2021, rechte Spalte: Forschungsstelle Leichte Sprache, 2023)

Ausgangstext	Einfache Sprache (ChatGPT)
Definition: Was ist ein Schlaganfall? **Wichtig:** Zögern Sie nicht, sofort beim Auftreten von Symptomen, die auf einen Schlaganfall bei Ihnen oder einer anderen Person hindeuten könnten, den Rettungsdienst unter der Nummer **112** zu alarmieren! Jeder Schlaganfall und auch eine vorübergehende Durchblutungsstörung des Gehirns (TIA) ist ein Notfall. Es gilt: „Zeit ist Hirn". Das heißt, je schneller die helfenden Personen reagieren und den Patienten oder die Patientin einer geeigneten medizinischen Versorgung zuführen, umso eher kann der Schaden minimiert werden. Ein Schlaganfall ist eine mehr als 24 Stunden gestörte Funktion des Gehirns durch eine verminderte Durchblutung eines Hirnbereichs oder einer Hirnblutung. Für beide Formen des Schlaganfalls gilt: Die grauen Zellen in einem bestimmten Gehirnbereich erhalten nicht mehr ausreichend Sauerstoff und Nährstoffe. Sie drohen daher abzusterben. Je nachdem wie stark und wie lange die Durchblutung beeinträchtigt ist, kann das betroffene Gehirnareal seine Aufgabe entweder vorläufig oder dauerhaft nicht mehr erfüllen. Die sicht- oder spürbaren Folgen der beeinträchtigten Gehirnfunktion können zum Beispiel Probleme beim Sprechen, Lähmungen oder Gefühlsstörungen von Gliedmaßen, ein hängender Mundwinkel oder Sehstörungen sein. Verschwinden diese Ausfälle sehr rasch oder zumindest innerhalb von 24 Stunden wieder, sprechen Mediziner und Medizinerinnen von einer vorübergehenden (transitorischen) ischämischen Attacke (TIA). Umgangssprachlich sagen manche dazu auch „Mini-Schlaganfall", obwohl das ja nicht zutreffend ist. Man sollte auf jeden Fall beim Auftreten von Schlaganfallsymptomen nicht abwarten, sondern umgehend die 112 anrufen: Denn das Risiko für einen Schlaganfall ist nach einer TIA deutlich erhöht. Eine TIA kann also ein Vorzeichen für einen drohenden Schlaganfall sein beziehungsweise ihn ankündigen. Um Schlimmeres möglichst zu vermeiden, sollten sich die betroffenen Personen daher rasch in ärztliche Behandlung begeben.	**Was ist ein Schlaganfall und wie erkennt man ihn?** Ein Schlaganfall ist eine plötzliche Erkrankung des Gehirns. Teile des Gehirns bekommen nicht genug Blut und Sauerstoff. Das liegt daran, dass ein Blutgefäß im Gehirn verstopft ist oder platzt. Dann können Sie auf einer Seite des Körpers schlecht bewegen oder sprechen. Erste Hilfe: – Rufen Sie sofort den Notruf 112. – Sagen Sie, dass Sie einen Schlaganfall vermuten. – Lassen Sie die Person nicht allein. – Geben Sie der Person nichts zu essen oder zu trinken. – Lockern Sie beengende Kleidung. – Wenn die Person bei Bewusstsein ist, lagern Sie sie mit erhöhtem Oberkörper. – Bei Bewusstlosigkeit, legen Sie die Person in die stabile Seitenlage. – Wenn keine Atmung oder Puls vorhanden sind, starten Sie die Wiederbelebung.
Zahlen und Fakten In Deutschland erleiden etwa 270.000 Menschen pro Jahr einen Schlaganfall. Mehr als 80 Prozent der Betroffenen sind über 60 Jahre alt. Doch auch Jüngere kann es treffen: Laut Schätzungen treten etwa fünf bis zehn Prozent der Schlaganfälle bei unter 50-Jährigen auf. Selbst Neugeborene und Kinder können einen Schlaganfall erleiden!	**Zahlen und Fakten** In Deutschland haben jedes Jahr etwa 270.000 Menschen einen Schlaganfall. Meistens sind die Betroffenen über 60 Jahre alt, aber auch junge Menschen und Kinder können betroffen sein.
Schlaganfall bei Frauen Mehr als die Hälfte der Schlaganfälle betreffen Frauen. Dies wird auf verschiedene Ursachen zurückgeführt: Zum einen werden Frauen älter als Männer, zum anderen wirken sich verschiedene Risikofaktoren bei ihnen offenbar stärker aus. Auch die Symptome können bei Frauen anders ausfallen, sodass die Diagnose eventuell erst später gestellt wird. Aufgrund der höheren Lebenserwartung leben zudem viele ältere Frauen allein, sodass der Schlaganfall häufig nicht sofort bemerkt wird. Dies alles könnte dazu beitragen, dass Frauen nach einem Schlaganfall auch häufiger pflegebedürftig werden als Männer.	**Schlaganfall bei Frauen** Mehr Frauen als Männer haben einen Schlaganfall. Das liegt daran, dass Frauen älter werden als Männer und somit ein höheres Risiko haben.

3 Eine Übersetzung von SUMM AI, Modell 1

Tab. 3 zeigt eine Einfache-Sprache-Übersetzung, die durch die KI von SUMM AI erstellt wurde. Das zugrunde liegende Modell ist ein Beta-Modell für Einfache Sprache, welches mit Human-Übersetzungen der Apotheken Umschau trainiert wurde.

Der Ausgangstext zum Thema Nachtschweiß stammt von der Homepage der Apotheken Umschau. Die Übersetzung ist aus einem Praxistest, den die Redaktion der Apotheken Umschau im Frühjahr 2024 durchgeführt hat (siehe Kap. Redaktionsprozesse).

Die Übersetzung zeigt einige typische Merkmale der Leichten Sprache, insbesondere die Frage-Struktur zur Auflösung von konditionalen Nebensätzen. Die Sätze sind außerdem relativ kurz. Trotzdem ist ein Post-Editing hier sehr zeitaufwendig, das Modell gibt nämlich fachlich falsche Informationen aus. Als Anzeichen für Nachtschweiß werden Informationen aus dem ersten Absatz zur Häufigkeit genannt. Außerdem wurden wichtige Informationen gekürzt und neue Informationen hinzugedichtet. Über Auswirkungen auf die Nägel gibt es bspw. keine Information im Ausgangstext, während Informationen über Unterzuckerung und Herzinfarkt als akuter Notfall gestrichen wurden. Einen Text in so einem Fall zu post-editieren bringt einen ganz besonderen Zeitaufwand, da die Informationen sehr genau mit dem Ausgangstext abgeglichen werden müssen. Die Redakteure können sich hier nicht auf den Inhalt verlassen und auf die Sprache konzentrieren, sie müssen auch inhaltlich auf Korrektheit prüfen.

Tab. 3 Übersetzung zum Thema Nachtschweiß mit Modell 1 von SUMM AI (linke Spalte: Apotheken Umschau 2023c, rechte Spalte: Untersuchungskorpus Projekt KI-GesKom 2024c)

Ausgangstext	Einfache Sprache (Summ AI Modell 1)
Wie häufig kommt Nachtschweiß vor? Absolut verlässliche, aktuelle Zahlen zur Häufigkeit von Nachtschweiß in der Bevölkerung gibt es nicht. In Auswertungen berichteten rund 10 bis 40 Prozent der Patientinnen und Patienten in Einrichtungen der medizinischen Grundversorgung von Nachtschweiß – vor allem Menschen zwischen 40 und 55 Jahren. **Schwitzen im Schlaf: Wann in die ärztliche Praxis?** Nachtschweiß kann harmlose Ursachen haben, oder es ist letztlich keine Ursache feststellbar. Es können jedoch auch viele Krankheiten hinter nächtlichem Schwitzen stecken – darunter auch gefährliche. Dann ist eine rasche Behandlung besonders wichtig. Ungewohnte, häufige oder heftige nächtliche Schweißausbrüche sind deshalb ein guter Grund, zeitnah eine Ärztin oder einen Arzt aufzusuchen. **Achtung:** Kalter Schweiß, also Schwitzen bei kalter Haut ohne Hitzegefühl, kann ein Alarmzeichen sein. Beispielsweise kann Kaltschweißigkeit Anzeichen eines Unterzuckers bei Diabetes sein. Auch auf einen Herzinfarkt deutet kalter Schweiß manchmal hin – vor allem, wenn zusätzliche Beschwerden auftreten wie Schmerzen, Druck- oder Engegefühl in Brust, Rücken, Hals oder Armen, Atemnot, Übelkeit, Schwindel oder Angst. Im Zweifel sofort den Rettungsdienst unter 112 rufen! Hier ist umgehend medizinischer Rat gefragt: • Nachtschweiß nach Fernreisen • Schmerzen • Fieber • Müdigkeit und Abgeschlagenheit • Gewichtsverlust • weitere zusätzliche Beschwerden Auch übermäßiges Schwitzen am Tag kann auf Krankheiten hindeuten und sollte ärztlich abgeklärt werden.	**Wie häufig kommt Nachtschweiß vor?** Es gibt keine genauen Zahlen dazu, wie oft Nachtschweiß vorkommt. **Woran können Sie einen nächtlichen Schweißausbruch erkennen?** Nächtlicher Schweiß kann viele Ursachen haben. Manchmal ist nächtlicher Schweiß auch ein Anzeichen für eine Krankheit. Dann müssen Sie zum Arzt gehen. Die häufigsten Anzeichen für nächtlichen Schweiß sind: – 40 bis 55 Jahre – 10 bis 40 Prozent der Patienten und Patientinnen in der Grundversorgung hatten nächtlichen Schweiß. – Menschen zwischen 40 und 55 Jahren hatten nächtlichen Schweiß. Sie haben diese Anzeichen? Dann gehen Sie zum Arzt: – Sie haben einen längeren Auslandsaufenthalt hinter sich? Und seit dem Auslandsaufenthalt haben Sie häufigen oder starken nächtlichen Schweiß? Dann gehen Sie zum Arzt. – Sie haben starke oder lange Bauchschmerzen? Dann gehen Sie zum Arzt. Sie haben diese Anzeichen? Dann gehen Sie sofort zum Arzt: – Fieber – Müdigkeit – Abgeschlagenheit – Gewichtsverlust – starke Bauchschmerzen – starke Kopfschmerzen – Nägel brechen leicht ab – Nägel wachsen langsam – Nägel verfärben sich Sie haben diese Anzeichen? Dann rufen Sie den Notruf unter der Nummer 112.

4 Eine Übersetzung von Summ AI, Modell 2

Tab. 4 zeigt eine Übersetzung, die ebenfalls durch die KI von SUMM AI in Einfache Sprache übersetzt wurde. Der Text informiert zum Thema Laktoseintoleranz. Das zugrunde liegende Modell basiert aber auf einem anderen LLM als Modell 1. Es wurde ebenfalls mit Human-Übersetzungen aus dem Angebot der Apotheken Umschau trainiert. Der Ausgangstext stammt von der Homepage der Apotheken Umschau, die Übersetzung aus einem Praxistest, den die Redaktion der Apotheken Umschau im Frühjahr 2024 durchgeführt hat. (siehe Kap. Redaktionsprozesse).

Dieses Modell liefert schon deutlich bessere Ergebnisse als sein Vorgänger. Im Post-Editing haben wir nicht mehr mit Halluzinationen und inhaltlichen Fehlern zu kämpfen, sondern können uns auf das sprachliche Feintuning der Texte fokussieren. Wir sehen aber auch, dass die KI die Zwischenüberschriften, die als Fragen formuliert sind, direkt selbst beantwortet. Die Sätze sind in der Regel kurz, es gibt wenig Nebensätze. Der Text entspricht den Anforderungen an die Einfache Sprache. Das Post-Editing zielt darauf ab, die Texte in Leichte Sprache Plus zu bringen.

Tab. 4 Übersetzung zum Thema Laktoseintoleranz von SUMM AI mit Modell 2 (linke Spalte: Apotheken Umschau 2023b, rechte Spalte: Untersuchungskorpus Projekt KI-GesKom 2024b)

Ausgangstext	Einfache Sprache (Summ AI Modell 2)
Laktoseintoleranz (Milchzucker-Unverträglichkeit) Bei Laktoseintoleranz führt der Verzehr laktosehaltiger Nahrungsmittel zu Magen-Darm-Beschwerden. Alles über Symptome, Diagnose und Therapie erfahren Sie hier **Hintergrundinformation: Was ist Laktose?** Laktose ist Milchzucker. Er kommt nur in der Milch von Säugetieren vor. Die Laktose hat viele wichtige Funktionen in unseren Körper. Sie unterstützt zum Beispiel die Aufnahme des Mineralstoffs Calcium und dient uns als Energielieferant. Laktose besteht aus zwei miteinander verbundenen Zuckerbausteinen: Glukose und Galaktose. Der Dünndarm kann den verzehrten Milchzucker nur aufnehmen, wenn er zuvor in seine Einzelbestandteile gespalten wurde. Das erfolgt durch ein in der Schleimhaut des Dünndarms sitzendes Enzym, die sogenannte Laktase. **Definition: Was ist eine Laktoseintoleranz?** Laktoseintoleranz kann auch mit Milchzuckerunverträglichkeit übersetzt werden. Der Verzehr von Milchzucker führt zu Beschwerden im Magen-Darm-Trakt. Grund für die Unverträglichkeit ist ein Mangel an Laktase. Dieser Enzymmangel führt dazu, dass der Milchzucker auf seinem Weg durch den Dünndarm nicht ausreichend gespalten und aufgenommen werden kann. Als Folge dessen, wandert der Milchzucker weiter in den Dickdarm. Dort dient er den Darmbakterien als Futter. Bei der Zersetzung des Milchzuckers durch die Darmbakterien (Vergärung) kommt es zu klassischen Unverträglichkeitssymptomen wie zum Beispiel Blähungen, Völlegefühl, Bauchschmerzen und Durchfällen. Eine Laktoseintoleranz sollte nicht mit einer Kuhmilcheiweißallergie verwechselt werden. Bei einer Kuhmilcheiweißallergie reagiert der Körper allergisch auf das darin enthaltene Eiweiß. Bei einer Laktoseintoleranz hingegen besteht lediglich ein Enzymmangel, der dazu führt, dass der in der Milch enthaltene Milchzucker nicht ausreichend aufgespalten werden kann.	**Laktoseintoleranz bedeutet: Die Person verträgt keinen Milchzucker.** Laktoseintoleranz bedeutet: Sie vertragen keine Laktose. Laktose ist in vielen Lebensmitteln. Wenn Sie Laktose essen, bekommen Sie Bauchschmerzen. Hier erfahren Sie mehr dazu. **Was ist Laktose? Laktose ist ein Zucker. Dieser Zucker ist in Milch.** Laktose ist Milchzucker. Milchzucker gibt es nur in der Milch von Tieren. Milchzucker ist wichtig für unseren Körper. Er hilft uns zum Beispiel dabei, Calcium aufzunehmen. Außerdem gibt er uns Energie. Laktose ist ein Zucker. Er besteht aus Glukose und Galaktose. Der Dünndarm kann Laktose nur aufnehmen, wenn er gespalten ist. Das Enzym Laktase spaltet die Laktose. Laktase sitzt in der Schleimhaut des Dünndarms. **Was ist eine Laktoseintoleranz? Bei einer Laktoseintoleranz verträgt der Körper keinen Milchzucker. Milchzucker heißt auch Laktose.** Laktoseintoleranz bedeutet, dass man Milchzucker nicht verträgt. Das führt zu Problemen im Magen und Darm. Der Grund dafür ist ein Mangel an Laktase. Laktase ist ein Enzym, das Milchzucker spaltet. Ohne genug Laktase kann der Dünndarm den Milchzucker nicht gut aufnehmen. Dann geht der Milchzucker in den Dickdarm. Dort fressen ihn die Darmbakterien. Das führt zu Problemen wie: • Blähungen • Völlegefühl • Bauchschmerzen • Durchfall Eine Laktoseintoleranz ist nicht dasselbe wie eine Kuhmilcheiweißallergie. Bei einer Kuhmilcheiweißallergie reagiert der Körper allergisch auf das Eiweiß in der Milch. Bei einer Laktoseintoleranz fehlt dem Körper ein Enzym. Dieses Enzym braucht der Körper, um den Milchzucker in der Milch zu verdauen.

5 Übersetzung vor und nach dem Post-Editing

Das letzte Beispiel soll das Augenmerk auf das Post-Editing lenken. In Tab. 5 sehen Sie die Rohübersetzung der SUMM KI Modell 2 und die post-editierte Version, die letztendlich auf der Webseite der Apotheken Umschau veröffentlicht wurde. Die Texte stammen aus dem laufenden Übersetzungsbetrieb der Apotheken Umschau. Der Text informiert zum Thema Grauer Star. Hier haben wir die Übersetzung zuvor durch ein Pre-Editing ergänzt, sodass die Texte schon vor der Übersetzung unserer gewünschten Struktur entsprechen (siehe Kap. Redaktionsprozesse).

An diesem Beispiel sehen Sie, wie sich die Texte im Post-Editing verändern. Der Anteil der komplett KI-übersetzen Sätze in der post-editierten Fassung ist sehr gering. Die Übersetzung wurde intensiv bearbeitet. Die Struktur der Informationen wurde verändert und Erklärungen ergänzt, so zum Beispiel zum Aufbau des Auges im ersten Absatz. Es wurden außerdem Informationen ergänzt, die zuvor von der KI gestrichen wurden: Die Information zur Kostenübernahme durch die Krankenkassen ist im Ausgangstext enthalten, in der Übersetzung jedoch nicht mehr. Diese wurde im Pre-Editing durch eine KI gestrichen, im Post-Editing aber wieder hinzugefügt im Sinne einer besseren Handlungsorientierung für die Leserinnen und Leser. Nur wenige Sätze wurden ohne weitere Überarbeitung übernommen, diese wurden in der Tab. 5 kursiv dargestellt.

Tab. 5 Rohübersetzung grauer Star und Version nach dem Post-Editing (linke Spalte: Untersuchungskorpus Projekt KI-GesKom 2024a, rechte Spalte: Apotheken Umschau 2024c)

Summ AI	Version nach dem Post-Editing (LS+)
Was ist grauer Star? Grauer Star ist auch als Katarakt bekannt. Bei Grauem Star wird die Augenlinse trüb. Dann sehen die Menschen unscharf. Die Farben sind dann auch weniger bunt. Und es gibt weniger Kontraste. Grauer Star kommt oft bei älteren Menschen vor. Aber auch andere Dinge können Grauen Star verursachen. **Was passiert bei grauem Star?** *Beim Grauen Star wird die Augenlinse trüb.* Das passiert meistens sehr langsam. Dann kann das Licht nicht mehr gut durch die Linse kommen. Das Licht wird dann gestreut. Dadurch sehen Sie unscharf. Sie sind dann auch empfindlicher gegen helles Licht. Und Sie sehen Farben anders. **Info: Augenlinse** *Die Augenlinse ist vorne im Auge.* Sie hilft, das Licht zu bündeln. So entsteht ein scharfes Bild auf der Netzhaut. Die Augenlinse ist klar und elastisch. Sie ist etwa 9 Millimeter groß und 4 Millimeter dick. Die Linse besteht aus Zellen, Eiweißfasern und Wasser. In der Mitte der Linse ist der Linsenkern. Um den Kern herum ist die weiche Linsenrinde. Die Linse hat eine Hülle. Die Hülle heißt Kapsel. Manchmal verändert sich die Linse. Dann wird die Linse weniger elastisch und trüb. Das Licht kann dann nicht mehr gut durch die Linse gehen. Das Bild auf der Netzhaut wird dann unscharf. *Manchmal sehen Menschen dann Farben anders. Besonders Blau sieht dann anders aus.* **(…)** **Was können Sie tun?** *Sie haben Probleme beim Sehen?* Das kann ein Anzeichen für Grauen Star sein. Am Anfang kann eine Brille helfen. Aber es gibt keine Medizin gegen Grauen Star. Die einzige Lösung ist eine Operation. *Diese Operation ist in Deutschland sehr häufig.* Jedes Jahr gibt es in Deutschland 900.000 solcher Operationen. Bei der Operation wird die trübe Linse entfernt. Dann wird eine künstliche Linse eingesetzt. *Die Operation dauert nicht lange.* Danach können Sie wieder nach Hause gehen. Aber Sie müssen gesund sein und jemand muss sich um Sie kümmern. *Und ein Augenarzt muss Sie nach der Operation untersuchen.* Wann ist der richtige Zeitpunkt für die Operation? Das entscheiden Sie und Ihr Augenarzt zusammen. Es kommt darauf an, wie sehr der Graue Star Ihr Leben beeinflusst. Manchmal merken Sie gar nicht, wie schlecht Sie sehen können. Zum Beispiel beim Autofahren kann das gefährlich sein. Auch wenn Sie schon alt sind, können Sie die Operation machen lassen. Aber das Ergebnis der Operation hängt auch von anderen Augenkrankheiten ab. Deshalb müssen Ihre Augen vor der Operation genau untersucht werden.	**Was ist Grauer Star?** Grauer Star ist eine Erkrankung des Auges. *Beim grauen Star wird die Augenlinse trüb.* Deshalb sehen betroffene Personen schlechter. *Die Augenlinse ist vorne im Auge.* Sie ist hinter der Hornhaut. Die Augenlinse und die Hornhaut bündeln die Lichtstrahlen. Das Licht kommt so auf einen bestimmten Bereich der Netzhaut. Deshalb können wir sehen. Die Augenlinse ist klar. Und die Augenlinse ist elastisch. Das bedeutet: Die Augenlinse kann ihre Form anpassen. Das ist wichtig: So können wir nahe Dinge sehen. Und wir können weit entfernte Dinge sehen. Manchmal verändert sich die Linse. Dann ist die Linse weniger elastisch. Und die Linse wird trüb. Das Licht kommt dann nicht mehr gut durch die Linse. Deshalb sehen betroffene Personen nicht mehr gut. *Manchmal sehen betroffene Personen dann Farben anders. Besonders Blau sieht dann anders aus.* Grauer Star entwickelt sich langsam. Häufig erkranken Personen über 60 Jahren an grauem Star. Ein anderer Name für Grauer Star ist: Katarakt. (…) **Was können Sie bei grauem Star tun?** *Sie haben Probleme beim Sehen?* Dann sprechen Sie mit Ihrem Augenarzt. Am Anfang kann vielleicht eine Brille helfen. Der Graue Star ist fortgeschritten? Dann kann eine **Operation** helfen. *Die Operation ist in Deutschland sehr häufig.* Bei der Operation entfernt der Arzt die Linse. Dann setzt der Arzt eine künstliche Linse ein. Sie bekommen eine örtliche Betäubung. Das bedeutet: Sie sind wach. Aber Sie spüren die Operation nicht. *Die Operation dauert nicht lange.* Die Operation ist meist ambulant. Das bedeutet: Sie dürfen nach der Operation wieder nach Hause. Aber Sie müssen gesund sein. Und jemand muss sich nach der Operation um Sie kümmern. *Und ein Augenarzt muss Sie nach der Operation untersuchen.* Sie entscheiden mit Ihrem Augenarzt zusammen: Ist eine Operation für mich richtig? Beeinflusst der Graue Star zum Beispiel Ihr Leben sehr stark? Auch ältere Menschen können die Operation machen lassen. Sprechen Sie mit Ihrem Augenarzt. Ihr Augenarzt untersucht Sie und erklärt Ihnen die Operation. Und Ihr Augenarzt erklärt Ihnen auch die Risiken der Operation. **Hinweis:** Vielleicht bezahlt Ihre Krankenkasse die Operation. Aber die Krankenkasse bezahlt vielleicht nur bestimmte künstliche Linsen. Es gibt nämlich verschiedene Arten künstlicher Linsen. Sprechen Sie mit Ihrer Krankenkasse. Die Mitarbeiter der Krankenkasse können Ihnen sagen: Welche künstliche Linse bezahlt die Krankenkasse?

6 Fazit

In diesem Kapitel haben Sie einige praktische Textbeispiele gesehen und sich ein Bild von KI-generierten Übersetzungen gemacht. Sie haben vielleicht gemerkt: Die post-editierten Texte unterscheiden sich stark von den Rohübersetzungen der verwendeten KI. Im Post-Editing greifen wir mitunter stark in die Texte ein. Der Aufwand, den wir dabei haben, richtet sich nach dem angestrebten Sprachniveau: Die KI von SUMM AI erreicht das Niveau der Einfachen Sprache. Das Post-Editing vereinfacht die Texte mehr in Richtung Leichte Sprache Plus. Das ist eine Entscheidung, die wir in der Redaktion der Apotheken Umschau bewusst getroffen haben und die Sie auch für sich treffen sollten: **Welches Sprachniveau sollen Ihre Texte haben?** Danach richten sich alle weiteren Entscheidungen, die Sie im Post-Editing treffen müssen.

Beachten Sie auch: Fachlich falsche Informationen sind besonders aufwendig in der Nachbearbeitung, da sie zunächst als falsch erkannt werden müssen. Als zuständige Redakteurin muss ich dafür über das notwendige Fachwissen verfügen – oder sicherstellen, dass der Text inhaltlich durch Experten geprüft wird. Die KI kann uns diese Arbeit nicht abnehmen.

Literatur

Apotheken Umschau. (2018b). Nagelbettentzündung: Symptome und Behandlung. Hinweis: Dieser Text wurde zwischenzeitlich aktualisiert und ist nicht mehr öffentlich. Die aktuelle Version des Textes finden Sie hier: https://www.apotheken-umschau.de/krankheiten-symptome/hautkrankheiten/nagelbettentzuendung-symptome-und-behandlung-738987.html. Zugegriffen: 20. Jan 2024.

Apotheken Umschau. (2021). Schlaganfall (Apoplex). https://www.apotheken-umschau.de/krankheiten-symptome/neurologische-erkrankungen/schlaganfall-apoplex-733747.html. Zugegriffen: 20. Jan. 2025.

Apotheken Umschau. (2023b). Laktoseintoleranz (Milchzucker-Unverträglichkeit) https://www.apotheken-umschau.de/krankheiten-symptome/magen-und-darmerkrankungen/laktoseintoleranz-milchzucker-unvertraeglichkeit-738977.html. Zugegriffen: 20. Jan. 2025.

Apotheken Umschau. (2023c). Nachtschweiß: Was steckt dahinter? https://www.apotheken-umschau.de/krankheiten-symptome/symptome/nachtschweiss-diagnose-ursachen-therapie-1003595.html. Zugegriffen: 20. Jan. 2025.

Apotheken Umschau. (2024c). Grauer Star. https://www.apotheken-umschau.de/einfache-sprache/krankheiten/grauer-star-1100087.html. Zugegriffen: 20. Jan. 2025.

Apotheken Umschau. (2024d). Nagelbett-Entzündung. https://www.apotheken-umschau.de/einfache-sprache/krankheiten/nagelbett-entzuendung-722761.html. Zugegriffen: 20. Jan. 2024.

Forschungsstelle Leichte Sprache. (o. J.). Was ist eine Nagel·bett-Entzündung? Eigene Übersetzung, nicht veröffentlicht.

Forschungsstelle Leichte Sprache. (2023). Was ist ein Schlaganfall und wie erkennt man ihn? Eigene Übersetzung, nicht veröffentlicht.

Untersuchungskorpus Projekt KI-GesKom. (2024a). Grauer Star. Eigene Übersetzung, nicht veröffentlicht.

Untersuchungskorpus Projekt KI-GesKom. (2024b). Laktoseintoleranz. Eigene Übersetzung, nicht veröffentlicht.

Untersuchungskorpus Projekt KI-GesKom. (2024c). Nachtschweiß. Eigene Übersetzung, nicht veröffentlicht.

Weiterführende Literatur

Stiftung Universität Hildesheim. (2025). KI-GesKom. https://www.uni-hildesheim.de/leichtesprache/forschung-und-projekte/projekte/ki-geskom/. Zugegriffen: 6. Apr. 2025.

Janina Kröger ist Übersetzerin für Einfache Sprache beim Wort & Bild Verlag. Sie ist mitverantwortlich für die Pflege und Weiterentwicklung des Einfache-Sprache-Angebots auf apotheken-umschau.de. Sie hat einen Masterabschluss im Fach Medientext und Medienübersetzung und promoviert an der Universität Hildesheim in barrierefreier Gesundheitskommunikation. Ihr Forschungsschwerpunkt ist die Verständlichkeit von Gesundheitsinformationen. Sie erforscht, welche sprachlichen und textuellen Eigenschaften Gesundheitsinformationen für medizinische Laien schwer verständlich machen und wie diesen Eigenschaften in Einfacher Sprache begegnet werden kann.

FSC
www.fsc.org
MIX
Papier | Fördert gute Waldnutzung
FSC® C083411

Kolibri 360 GmbH
Ferdinand-Jühlke-Straße 7
99095 Erfurt, Deutschland
produktsicherheit@kolibri360.de